누가복음

잃은 자를 찾으러

오신 예수님

 **ESF**

기독대학인회(ESF: Evangelical Student Fellowship)는
사도행전 1장 8절에서 선포되고 있는 예수님의 지상명령에 근거하여
캠퍼스복음화를 통한 성서한국, 세계선교를 주요목표로 삼고 있는
초교파적 선교단체입니다.

ESP

ESP는
Evangelical Student Fellowship Press의 약어로 기독대학인회(ESF)의
출판부입니다.

ESP 성경공부 시리즈 누가복음
잃은 자를 찾으러 오신 예수님

2016년 3월 1일　초 판 1 쇄 발 행
2024년 3월 1일　2 판 1 쇄 발 행

지은이 ESF 교재편찬위원회
만든이 정사철
내지 디자인 주혜성
표지 디자인 장윤주

(사)기독대학인회 출판부 (ESP)
서울특별시 도봉구 도봉로 116길 41-4
Tel. 02) 989-3477 | Fax. 02) 989-3385
esfhq@hanmail.net
등록 제 12-316호

잃은 자를 찾으러 오신 예수님

CONTENTS

누가복음을 공부하기 전에

아무리 시대가 흐르고 사람들이 바뀌어도 변할 수 없는 것은 성경공부입니다. 성경으로 돌아가자는 구호는 옛 종교개혁 시대에만 외치는 소리가 아닙니다. 오늘날 최첨단 과학문명 시대를 살아가는 우리들에게도 들려져야 할 외침입니다. 이 시대는 점점 보는 것에 만족하고 생각하기를 싫어하는 양상을 보이고 있습니다. 특히 성경공부하는 것보다도 감성적인 것에 치우친 경향을 보이고 있는 것이 현실입니다. 우리가 성경을 깊이 묵상하는 시간을 갖지 못하고 감성적인 것에 쫓아가면 구체적인 삶의 변화를 바랄 수 없게 됩니다.

이런 시대의 흐름 속에서도 ESF 소그룹 성경공부는 성경공부의 좋은 전통을 지키고 있습니다. 지난 30여 년 동안 수많은 청년 대학생, 지성인들이 성경공부의 매력을 경험하였고, 예수 그리스도의 복음을 영접하고 구원 얻는 역사가 있었습니다. 대학 강의실에서, 동아리방에서, 교회에서, 작은 자취방에서 성경공부하는 모습은 민족의 미래를 밝혀주는 횃불이었습니다.

ESF 소그룹 성경공부는 다섯 가지 특징이 있습니다.

첫째, 아주 즐겁고 재미있는 성경공부입니다. 소그룹에서 성경을 한 권 공부해보면, 성경이 이렇게 재미있는 책이었는지 재발견하게 될 것입니다.

둘째, 즐거운 대화식 성경공부입니다. 아무리 초보자라도 쉽게 참여하여 배울 수 있습니다.

셋째, 체계적인 성경공부입니다. 성경을 체계적이고, 종합적으로 이해하게 하는 성경공부입니다.

넷째, 믿음과 삶의 구체적인 적용을 배우는 성경공부입니다.

다섯째, 소그룹 리더를 길러주는 성경공부입니다. 소그룹에서 성경공부를 하면, 대부분 소그룹 성경공부의 리더가 될 수 있습니다.

이번에 새롭게 시작하는 사복음서 문제집 시리즈는 20~24회에 한 과목을 마칠 수 있도록 발간할 예정입니다. 각 복음서의 특성을 고려하여 꼭 필요한 본문들을 중심으로 재미있는 성경공부를 할 수 있도록 편성될 것입니다. 또한 영어 성경 ESV(English Standard Version)를 수록하여 성경 본문의 이해를 돕도록 하였습니다.

그리고 본 문제집 내용은 **말씀의 자리, 삶의 자리, 말씀의 자리** *+Plus* 로 구성되어 있습니다.

말씀의 자리는 본문 살피기와 생각하기 문제로 구성되어 있습니다. 성경 본문을 깊이 있게 관찰하며 해석하는 자리입니다.

삶의 자리는 말씀의 자리를 토대로 우리의 삶에 구체적으로 적용하는 문제로 구성되어 있습니다. 본문에서 파악되고 느낀 말씀의 은혜와 원리들을 각자 삶의 자리에 적용시키는 자리입니다.

말씀의 자리 *+Plus* 는 본문 말씀의 중요한 핵심 내용이나 본문 배경 등을 요약하여 설명하는 자리입니다.

계속하여 한국교회와 청년 대학생들 가운데 소그룹 성경공부가 활발하게 일어나서 예수님을 만나고 복된 인생이 되길 기도합니다.

2024.3.8
기독대학인회(ESF)

소그룹 성경 문제집 활용법

1) 성경해석은 성경으로 해야 합니다.

성경의 가장 정확한 해석은 성경 자체입니다. 구약과 신약을 서로 연결시켜 공부할 때 바르게 이해할 수 있습니다. 의미가 희미한 말씀은 밝은 말씀에 비추어 해석해야 합니다. 상징, 비유, 애매한 부분은 병행 구절의 밝은 부분에서 그 뜻을 찾아야 됩니다.

2) 전체를 바라보는 눈으로 종합적으로 해석해야 합니다.

전체를 바라보지 못하고 한 부분에만 집착할 때 오류를 범하게 됩니다. 그러므로 성경 핵심을 파악하고 전체적으로 바라보며 해석해야 됩니다. 성경 전체의 핵심은 하나님의 아들, 예수 그리스도를 통한 인류 구속입니다. 그러므로 성경에 나오는 사건들이 그리스도와 인류 구원에 어떻게 연결되는지 살펴보면서 해석해야 됩니다.

3) 그 당시 시대 배경을 이해해야 합니다.

성경은 그 당시 사람들에 의해 기록되었으므로 당대의 지리, 역사, 풍습, 생활습관, 주변 상황 등을 파악하고 해석해야 됩니다.

4) 언어의 법칙과 문맥의 흐름을 중요시해야 합니다.

성경은 사람의 언어로 기록되었으므로 어휘, 문법의 이해가 중요하고 반드시 문맥의 흐름 속에서 해석해야 합니다. 따라서 일차적으로는 문자적인 해석을 한 다음 영적인 뜻을 찾아야 합니다.

5) 저자의 의도를 파악해야 합니다.

하나님께서 성경 저자의 성격, 교육 정도, 개성 등을 유기적으로 쓰셔서 성경을 기록하도록 하셨으므로 저자가 어떤 의도로 무슨 주제를 전개하는지 살펴보고 특별한 관점과 강조점이 무엇인지 알아야 합니다.

6) 오늘날 나에게 어떻게 적용되는지 살피며 해석해야 합니다.

성경은 비록 과거에 쓰여졌지만 하나님께서는 그 기록된 말씀을 통하여 각 시대 모든 사람들에게 말씀하고 계시므로 성경에 기록된 메시지가 당대 독자들에게 어떻게 들려졌는지를 살피면서 지금 나에게 어떻게 적용되는지를 살펴야 됩니다. 지금 나에게 말씀하시는 그 음성을 성령님의 도우심으로 듣게 될 때 말할 수 없는 큰 은혜를 체험하게 됩니다.

소그룹 성경 공부의 원리를 알고 공부합시다

1) 성경공부 목적에 충실해야 합니다.

성경공부의 목적은 중생, 신앙성장, 영적 교제입니다. 그러므로 신학 쟁론에 빠진다든지 사소한 것으로 언쟁하느라 에너지를 소모하지 말고 성경의 깊은 뜻을 깨닫고 하나님의 음성을 듣는 일에 힘써야 됩니다. 그래서 하나님을 인격적으로 만나 중생하고 회개와 믿음의 결단이 이루어지며 서로 배우고 격려하는데 힘써야 됩니다.

2) 기도에 힘써야 합니다.

성경이 성령의 감동으로 기록되었으므로 성령님의 도우심이 있어야 성경의 진리를 깨달을 수 있습니다. 성령님의 감화가 있는 성경공부가 되도록 기도해야 합니다.

3) 즐거운 분위기를 이루어야 합니다.

혼자 공부할 때는 쉽게 지치지만 함께 공부하면 즐겁게 할 수 있습니다. 그러므로 그룹 구성원들이 서로 즐겁게 배우는 분위기를 이루기에 협력해야 합니다. 반드시 정성껏 사전 준비 공부를 하고 성경공부에 참여하는 것이 성공적인 그룹 성경공부가 됩니다. 서로 앞다투어 연구하고 배우는 모임을 이루면 처음에는 어리고 연약한 모임도 나중에는 성숙하고 강한 모임으로 성장합니다.

4) 개인의 독무대를 만들지 말고 다 함께 참여하는 모임이 되어야 합니다.

그룹 공부의 어려운 점은 몇몇 수다쟁이, 익살꾼 등이 시간을 독차지해 버리는 것입니다. 이것은 미숙한 태도입니다. 듣기도 하고 묻기도 하며 성숙하게 배워가야 하겠습니다.

5) 분위기를 깨지 말고 적극적으로 참여해야 합니다.

그룹 공부의 또 다른 어려운 점은 구경꾼, 실쭉이, 인상파가 찬바람을 일으키기 때문입니다. 성숙한 인도자는 적절한 유머, 성경 읽기 권유, 적당한 때 끌어들이기로 이 문제를 잘 해결하지만, 너무 소극적인 태도로 나오면 몹시 힘이 드는 것이 사실입니다. 듣기도 할뿐더러 묻기도 하면서 적극적으로 참여하는 성경공부가 되어야 합니다.

6) 성숙한 그룹 공부 참여자가 되어야 합니다.

성숙한 사람은 성경공부를 잘 준비해 오는 것은 물론 적극적으로 공부에 참여합니다. 진지한 탐구자의 자세, 예리한 분석과 종합, 실생활에 적절한 적용 등으로 성경공부 수준을 높여갑니다. 그룹 성경공부는 아름다운 영적 교제를 겸한 매우 좋은 성경 진리 탐구 방법입니다.

누가복음 (Luke)

저자

누가복음의 저자는 사도 바울에게 "사랑을 받는 의원"(골 4:4)이라고 불렸던 누가입니다. 누가는 드로아에서 사도 바울과 만난 후 바울의 2차 선교여행 동역자가 되었습니다(행 16:10). 그는 헬라인으로서 안디옥 교회 출신으로 알려져 있습니다. 그는 의사로서 바울의 절친한 친구이자 충실한 동역자요, 역사의 기록자였습니다. 로마에서 바울이 첫 번째 감금되었을 때 누가는 바울을 여러 면에서 도왔고, 바울이 두 번째 감금되었을 때도 순교 직전까지 함께 있었습니다(딤후 4:11). 덕분에 누가는 누가복음과 사도행전을 정확하고 생생하게 기록으로 남길 수 있었습니다.

연대와 장소

예루살렘 멸망이 A.D. 70년에 일어났기 때문에 누가복음과 사도행전의 연대를 그 이전으로 보고 있습니다. 누가의 기록에 예루살렘 멸망이 상세히 묘사되지 않았기 때문입니다. 사도행전을 A.D. 63년에, 누가복음은 A.D. 61~63년경에 기록되었을 것으로 보고 있습니다. 저작 장소는 로마로 추측됩니다.

기록 목적

누가복음의 기록 목적은 눅 1:1-4에 명백히 진술되어 있습니다. 누가는 몹시 존경하는 데오빌로-"하나님의 사랑을 받는 자"-에게 예수님에 관한 정확한 지식을 전함으로 그의 신앙을 확실히 진리 위에 굳게 세우기 원했습니다. 기독교 복음을 변호하려는 의도가 있었습니다. 특히 헬라어를 사용하는 모든 이방인 개종자의 믿음을 강화시키기 위해 이 복음서를 기록하였습니다. 누가는 사마리아를 비롯해 모든 이방인이 예수님 안에 계시된 복음을 듣고 구원을 얻기 원했습니다.

주제

누가복음 주제는 눅 19:10에 분명히 나타나 있습니다. "인자가 온 것은 잃어버린 자를 찾아 구원하려 함이니라." 예수님은 "잃어버린 자를 찾아 구원할" 임무를 갖고 하나님의 보내심을 받아 이 땅에 오셨습니다. 당시 이방인들은 지식을 추구하고 있었지만, 도덕적으로 심히 부패하여 탐욕적인 생활을 하고 있었습니다. 누가는 그들에게 완전한 인성을 소유하고 오신 완전한 하나님이신 예수님을 소개하여 그분을 믿음으로 구원의 생명을 얻으라고 전하고 있습니다.

1) 누가복음은 역사적(Historical) 성격이 강합니다. 사건들의 연대를 정확히 기록하고(1:5; 2:1; 3:1,2), 예수님 생애를 출생에서부터 죽음에 이르기까지 완벽히 서술하려고 했습니다. 이를 통해 복음이 역사적인 사실에 기초를 둔 진리이며, 나아가 실제 우리 삶 속에서 역사하는 힘이 있는 말씀임을 분명히 하고 있습니다.

2) 또한 누가복음에는 교리가 강조되어 있습니다. 그리스도의 인격, 구원, 죄, 칭의, 구속, 성령에 관한 교리를 명백하게 기록하였습니다. 15장비유들은 구원의 의미를 밝히며, 19장에서 "인자가 온 것은 잃어버린 자를 찾아 구원하려 함"이라 하여 누가복음의 핵심을 제시하였습니다. 성령에 관한 교리도 독특하게 나타납니다. 예수님의 전 생애가 성령에 의해 인도되었습니다(1:35, 3:22, 4:1,14,18; 10:21).

3) 뿐만 아니라 누가복음에는 특수한 계층의 사람들이 주목을 받고 있습니다. 누가는 여자와 어린아이들에 대해 많이 언급하며, 예수님을 가난한 자와 억압받는 자의 친구로 묘사합니다.

4) 누가복음을 공부하면 첫째, 구원을 얻기 위해 무엇을 믿어야 하는가를 깨닫게 되며, 둘째, 죄악된 세상에서 어떻게 살아야 하는가를 알게 되며, 셋째, 절망으로 가득한 세상에서 기뻐해야 할 이유가 어디에 있는가를 발견하게 되며, 넷째, 멸망할 세상에서 무엇을 기대하고 살아야 할 것인가를 깨닫게 해줍니다.

1:1-4	서문
1:5-2:52	예수님의 오심
3:1-4:13	예수님의 공적 사역준비
4:14-9:9	예수님의 갈릴리 사역
9:10-9:50	예수님의 물러가심
9:51-13:21	예수님의 유대 사역
13:22-19:27	예수님의 베뢰아와 그 주변 사역
19:28-23:56	예수님의 고난과 죽음
24:1-24:53	예수님의 부활과 승천

예수님의 어머니가 된 마리아

● 누가복음 1:26-38(31)

보라 네가 잉태하여 아들을 낳으리니 그 이름을 예수라 하라

예수님에 대한 소식을 '복음'이라고 합니다. 듣는 이들에게 구원과 자유, 새로운 삶을 주기 때문입니다. 예수님의 탄생과 관련해 가장 먼저 소식을 들은 사람은 누구였을까요? 바로 예수님의 어머니가 되는 '마리아'였습니다. 예수님에 관한 소식인 '복음', 하지만 이 소식이 그 당시 '마리아'에게도 기쁜 소식이 될 수 있었을까요? 아직 남자를 알지 못하는 작은 여인에게 예수님을 잉태한다는 소식은 본인에겐 두려움이요, 주변 사람에겐 큰 충격이었을 것입니다. 하지만 마리아는 자신에게 말씀하시는 하나님을 생각하며 '여종'으로서 '순종'하기로 결심하였고, 작은 여인 마리아의 순종으로 예수님이 이 땅에 오시는 시작이 되었습니다. 나의 상식으로 이해가 되지 않아도 말씀을 통해 전해지는 소식에 순종할 때, 그 순종을 통해 하나님의 역사는 시작될 수 있습니다.

1. 천사 가브리엘이 언제, 어디에서, 누구에게 찾아갑니까 (26-27절)?

* **여섯 째 달에(26절)** : 엘리사벳이 세례 요한을 임신한 후 여섯 째 달이 된 것을 뜻한다(1:11-20).

* **약혼한 처녀에게(27절)** : 고대 유대인의 결혼 관습에서 '정혼(약혼)'은 오늘날 약혼보다 훨씬 더 강한 구속력이 있었다. 정혼 관계는 1년 동안 지속된 후에 정식 결혼이 이뤄지며 이 기간 동안 신부의 순결을 증명되었다. 당시 정혼은 죽음이나 이혼을 통해서만 그 관계가 파기될 수 있었다.

2. 천사가 마리아에게 전한 메시지가 무엇이며, 마리아의 첫 번째 반응이 어떠합니까(28-29절)?

ESV

26 In the sixth month the angel Gabriel was sent from God to a city of Galilee named Nazareth,

27 to a virgin betrothed to a man whose name was Joseph, of the house of David. And the virgin's name was Mary.

28 And he came to her and said, "Greetings, O favored one, the Lord is with you!"

29 But she was greatly troubled at the saying, and tried to discern what sort of greeting this might be.

3. 마리아에게 임한 하나님의 은혜는 무엇입니까(30-31
절)? 천사의 메시지 가운데 약속된 메시아의 인격과 사
명은 어떠합니까(32-33절)?

* **다윗의 왕위(32절)** : 삼하 7:16에서 하나님께서 다윗에게 "네 집
과 네 나라가 내 앞에서 영원히 보전되고 네 왕위가 영원히 견고하
리라 하셨다"라고 하셨던 그 왕위 보존의 약속이 이제 마리아를 통
해 태어날 예수님을 통해 이뤄지게 될 것을 알려주시는 말씀이다.

4. 천사의 메시지를 들은 마리아의 두 번째 반응은 어떠합
니까(34절)? 천사는 마리아의 문제점에 대해 어떻게 설
명해줍니까(35-37절)?

30 And the angel said to her, "Do not be afraid, Mary, for you have found favor with God.
31 And behold, you will conceive in your womb and bear a son, and you shall call his name Jesus.
32 He will be great and will be called the Son of the Most High. And the Lord God will give to him the throne of his father David,
33 and he will reign over the house of Jacob forever, and of his kingdom there will be no end."
34 And Mary said to the angel, "How will this be, since I am a virgin?"

5. 천사의 설명을 들은 마리아의 최종 반응은 무엇입니까
(38절)? 마리아의 믿음과 순종에 대해 말해보시오.

35 And the angel answered her, "The Holy Spirit will come upon you, and the power of the Most High will overshadow you; therefore the child to be born will be called holy—the Son of God.
36 And behold, your relative Elizabeth in her old age has also conceived a son, and this is the sixth month with her who was called barren.
37 For nothing will be impossible with God."
38 And Mary said, "Behold, I am the servant of the Lord; let it be to me according to your word." And the angel departed from her.

1. 마리아는 처녀의 몸으로 아이를 갖습니다. 당시로는 너무나 받아들이기 힘든 사건이었지만 이 일에 순종함으로 마리아는 하나님이신 예수님의 육신의 어머니가 되는 놀라운 특권을 덧입게 되었습니다. 주의 영광은 때로 이해할 수 없는 고난을 통해 임합니다.

하나님의 영광을 덧입기 위해 지금 내가 해야 할 순종, 그에 따르는 고난은 무엇입니까? 내가 감당해야 할 작은 믿음의 순종이 무엇인지 함께 나누어 봅시다.

함께 기도합시다

말씀대로

　창 18:9-15절에 보면 아브라함 아내인 사라는 '아이를 주겠다!' 하시는 하나님의 말씀을 듣고 웃었습니다. '과연 90세가 다 되어가는 여인의 몸에서 아이가 태어날 수 있겠는가?' 하는 믿음 없는 생각이 들었기 때문입니다. 또 눅 1:18절에 보면 '아들을 낳게 해주겠다!' 하시는 하나님의 말씀 앞에서 제사장 사가랴는 "내가 이것을 어떻게 알리요 내가 늙고 아내도 나이가 많으니이다" 하며 불신앙의 반응을 보였습니다. 하지만 처녀의 몸으로 성령으로 잉태하여 아들을 낳을 것이라는 도무지 이해할 수 없는 하나님의 말씀에 마리아는 "주의 여종이오니 말씀대로 내게 이루어지이다"(1:38) 하며 놀라운 믿음의 반응을 보입니다. 사실 처녀 몸으로 아이를 가진다는 것은 사람들에게 정결하지 못한 여인으로 손가락질을 당하거나, 정혼자인 요셉에게 버림을 받고 일생을 비참하게 살게 될 수도 있는 일이었습니다. 하지만 마리아는 처녀의 몸으로 아들을 낳는 일에 '말씀대로' 기쁘게 순종했고, 이로 인해 그녀는 믿음으로 사는 삶의 영원한 표본이 되었습니다. 하나님의 역사를 내 생각으로 제한하거나 냉소하지 말고, 마리아처럼 즉각적 믿음과 순종으로 뜨겁게 반응하는 우리가 되어야 합니다.

세계사의 주인이신 하나님

● 누가복음 2:1-21(11)

오늘 다윗의 동네에 너희를 위하여 구주가 나셨으니 곧
그리스도 주시니라

세상의 역사는 하나님의 말씀과 구원역사를 중심으로 돌아
갑니다. 수천 년의 역사를 자랑했던 애굽, 아시아의 맹주였던
앗수르, 고대 근동을 모두 손에 넣었던 바벨론, 중동과 인더
스 유역까지 다스렸던 페르시아, 그리스 철학으로 영원한 제
국을 꿈꿨던 헬라, 'PAX ROMANA'를 이룩했던 로마. 모두
거대한 제국이었지만 지금은 박물관의 유물로만 흔적을 남기
고 있습니다. 그러나 작은 나라였던 이스라엘은 대제국들의
부침 속에서 생명력을 이어가며 존재하였고, 구원역사의 도
구로서 역사의 주관자이신 하나님의 다스림 아래 여러 모양
으로 사용되어왔습니다. 여전히 우리가 이스라엘을 기억하는
이유는 역사의 주관자이신 하나님께서 선택하시고 세우신 나
라, 그들을 통해 진행하신 역사가 있기 때문입니다. 이제 세계
사의 주인이신 하나님은 당신이 선택하고 세우는 이들을 통
해 하나님 나라를 만들어 가고 계십니다. 거대한 제국이 아니
라, 부유한 이들이 아니라, 하나님이 선택한 사람을 통해 역사
를 이어가시는 하나님을 기억해야 하겠습니다.

1. 예수님이 탄생하실 때 천하는 누가 다스리고 있었으며 (1절), 수리아 지방에 속한 유다는 누가 통치하였습니까 (2절)? 가이사는 온 천하에 무슨 명령을 내렸습니까(1절)? 백성들의 반응은 어떠합니까(3절)? 하나님은 이것을 통해서 인류 구원을 위한 하나님의 약속하신 말씀을 성취하십니까(참조 미 5:2)?

*가이사 아구스도 : B.C. 27~A.D. 14년까지 통치한 최초의 로마 황제 옥타비아누스를 말한다.

ESV

1 In those days a decree went out from Caesar Augustus that all the world should be registered.
2 This was the first registration when Quirinius was governor of Syria.
3 And all went to be registered, each to his own town.
4 And Joseph also went up from Galilee, from the town of Nazareth, to Judea, to the city of David, which is called Bethlehem, because he was of the house and lineage of David,
5 to be registered with Mary, his betrothed, who was with child.
6 And while they were there, the time came for her to give birth.

2. 요셉은 베들레헴까지 왜, 누구랑 함께 갔습니까(4-5
절)? 당시 마리아의 형편은 어떠했습니까(5-6절)?

*베들레헴 : 예루살렘에서 10Km정도 떨어진 촌락이다.

3. 마리아는 첫 아들을 낳아 어디에 뉘었습니까(7절)? 왜
그랬습니까? 가이사 아구스도가 천하를 호령하는 모
습과 온 세상의 구주이신 예수 그리스도가 포대기에
싸여 구유에 누인 모습이 어떻게 대조를 이룹니까(빌
2:6-8; 고후 8:9)?

7 And she gave birth to her firstborn son and wrapped him in swaddling cloths and laid him in a manger, because there was no place for them in the inn.
8 And in the same region there were shepherds out in the field, keeping watch over their flock by night.
9 And an angel of the Lord appeared to them, and the glory of the Lord shone around them, and they were filled with great fear.
10 And the angel said to them, "Fear not, for behold, I bring you good news of great joy that will be for all the people.
11 For unto you is born this day in the city of David a Savior, who is Christ the Lord.
12 And this will be a sign for you: you will find a baby wrapped in swaddling cloths and lying in a manger."
13 And suddenly there was with the angel a multitude of the heavenly host praising God and saying,
14 "Glory to God in the highest, and on earth peace among those with whom he is pleased!"

4. 그때 천사가 누구에게 나타나 무슨 메시지를 전했습니까(8-12절)? 천군천사의 찬송 내용이 무엇입니까(13-14절)? 예수님의 탄생이 어떻게 온 백성에게 미칠 큰 기쁨의 좋은 소식이 됩니까(마 1:21)? 당신에게 예수님의 탄생이 큰 기쁨의 좋은 소식이 됩니까?

  * **강보** : 젖먹이를 싸는 포대기다.

5. 천사들의 메시지를 들은 목자들의 반응이 무엇입니까(15-18절)? 아기 예수를 본 목자들이 하나님 앞에 드린 믿음의 행동은 무엇입니까(20절)? 당신은 하나님의 말씀을 들었을 때 주로 어떤 반응을 보입니까?

ESV

15 When the angels went away from them into heaven, the shepherds said to one another, "Let us go over to Bethlehem and see this thing that has happened, which the Lord has made known to us."
16 And they went with haste and found Mary and Joseph, and the baby lying in a manger.
17 And when they saw it, they made known the saying that had been told them concerning this child.
18 And all who heard it wondered at what the shepherds told them.
19 But Mary treasured up all these things, pondering them in her heart.
20 And the shepherds returned, glorifying and praising God for all they had heard and seen, as it had been told them.
21 And at the end of eight days, when he was circumcised, he was called Jesus, the name given by the angel before he was conceived in the womb.

1. 하나님께서는 실제 역사 속에서도 주권적으로 일하시는 분이십니다. 그래서 가이사 아구스도의 호적 명령을 통해서 오히려 미가 5:2의 메시아 베들레헴 탄생에 대한 하나님의 약속 말씀을 성취하사 그리스도를 이 땅의 구원자로 보내신 것입니다. 하나님은 지금도 우리 역사 현장 속에서 일하시며 구원 역사를 이루어 가고 계십니다.

당신은 역사를 다스리시고, 우리를 구원하시는 하나님을 믿습니까? 주님이 역사의 주권자임을 믿는다면 우리가 어떤 자세로 신앙생활을 해야 할지 함께 나누어 봅시다.

함께 기도합시다

● 삶의 자리

너희를 위하여 구주가 나셨으니

하나님께서 오래전부터 예고하시고, 선지자들을 통해 약속하셨던 메시아에 대한 약속이 마침내 성취되었습니다. 참으로 감격적인 순간이었습니다. 그런데 이 놀랍고 감동적인 메시아 탄생 소식은 그 누구보다 한밤중에 들에서 양을 치던 목자들에게 알려졌습니다. 당시 목자는 힘들고 어렵고 비천하며 모든 사람들이 천시하는 3D 기피업종이었습니다. 하지만 하나님께서는 이러한 낮고 천한 목자들에게 메시아 탄생 소식을 가장 먼저 알리셨습니다. 왜 이렇게 하신 것입니까? 그것은 그리스도께서 오신 목적이 무엇인지를 알리기 위함입니다. 즉, 그리스도가 이 땅에 오신 목적이 바로 목자들과 같이 소외되고 약한 자들을 위한 것임을 분명히 보여 주시고자 하신 것입니다. 지금도 하나님께서는 약하고 가난하지만 말씀에 순종하는 자들을 통해 일하십니다. 약하고 부족하기 때문에 하나님 앞에 나가지 못하겠다고 말하는 우리가 되지 말고, 오히려 부족하기 때문에 더 적극적으로 하나님 앞에 나아가 쓰임 받는 우리 모두가 될 수 있어야 하겠습니다.

빈 들의 요한에게 임하신 하나님

- 누가복음 3:1-14(2)

안나스와 가야바가 대제사장으로 있을 때에 하나님의 말씀이 빈 들에서 사가랴의 아들 요한에게 임한지라

아주 위험한 8차선 도로가에서 놀고 있는 3~4세의 유아가 있다면 그 아이에게 '그러면 안 된다!'라고 점잖게 타이르며 지나가버리는 어른은 아무도 없습니다. 그 아이를 안아다가 안전한 곳으로 옮겨두거나 아니면 그 보호자에게 아이를 잘 보라고 당부하고서야 지나갑니다. 또 낙석이 떨어지는 위험한 공사장 밑을 겁 없이 지나가는 어린이들을 그냥 보고만 있을 사람 역시 없습니다. 힘껏 소리를 지르거나 팔을 당겨서 그를 기어코 돌아서게 만들 것입니다. 이스라엘 백성에게 회개의 세례를 외치고 있는 세례 요한의 심정이 이와 비슷한 심정이었습니다. 힘을 다해 이스라엘 백성이 죄를 회개하여 돌이키도록 외치고 있는 세례 요한을 통해 회개의 긴급성과 중요성을 깨달을 수 있어야 하겠습니다.

1. 세례 요한이 사역을 시작할 때 정치, 종교 지도자들은 누구였습니까(1-2절)? 하나님의 말씀이 어디에서 누구에게 임했습니까?

* **디베료 황제** : A.D. 14~37년까지 통치했다.

2. 세례 요한은 어떻게 복음 역사를 시작했으며, 무슨 메시지를 전했습니까(2-3절)? 왜 세례 요한은 회개의 세례를 먼저 전파하였습니까? 회개란 무엇이라고 생각합니까?

ESV

1 In the fifteenth year of the reign of Tiberius Caesar, Pontius Pilate being governor of Judea, and Herod being tetrarch of Galilee, and his brother Philip tetrarch of the region of Ituraea and Trachonitis, and Lysanias tetrarch of Abilene,
2 during the high priesthood of Annas and Caiaphas, the word of God came to John the son of Zechariah in the wilderness.
3 And he went into all the region around the Jordan, proclaiming a baptism of repentance for the forgiveness of sins.

3. 세례 요한이 부르심을 받고 사역을 시작한 것은 이사야 선지자의 예언을 성취한 것입니다(4-6절). 광야에서 외치는 자의 소리를 감당하기 위한 요한의 사명이 무엇입니까(5-6절)?

4. 세례를 받으러 나온 무리를 향한 세례 요한의 책망과 권면이 무엇입니까(7, 8-9절)? 무리들의 문제점이 무엇입니까? 세례 요한이 증거한 하나님은 어떤 분이십니까?

ESV

4 As it is written in the book of the words of Isaiah the prophet, "The voice of one crying in the wilderness: 'Prepare the way of the Lord, make his paths straight.

5 Every valley shall be filled, and every mountain and hill shall be made low, and the crooked shall become straight, and the rough places shall become level ways,

6 and all flesh shall see the salvation of God.'"

7 He said therefore to the crowds that came out to be baptized by him, "You brood of vipers! Who warned you to flee from the wrath to come?

8 Bear fruits in keeping with repentance. And do not begin to say to yourselves, 'We have Abraham as our father.' For I tell you, God is able from these stones to raise up children for Abraham.

5. 백성들의 반응은 어떠합니까(10절)? 요한은 구체적으로 어떻게 회개의 길을 제시해 줍니까(11-14절)?

9 Even now the axe is laid to the root of the trees. Every tree therefore that does not bear good fruit is cut down and thrown into the fire."
10 And the crowds asked him, "What then shall we do?"
11 And he answered them, "Whoever has two tunics is to share with him who has none, and whoever has food is to do likewise."
12 Tax collectors also came to be baptized and said to him, "Teacher, what shall we do?"
13 And he said to them, "Collect no more than you are authorized to do."
14 Soldiers also asked him, "And we, what shall we do?" And he said to them, "Do not extort money from anyone by threats or by false accusation, and be content with your wages."

● 삶의 자리

1. 회개는 감정적인 것이 아닌 실제적인 것입니다. 곧 거짓과 불친절과 강포와 탐욕 등 하나님 뜻에 위반되는 일에서 구체적으로 돌이키는 것입니다. 우리가 오늘 구체적으로 회개해야 할 것이 무엇입니까?

2. 하나님 역사는 신분이나 장소가 중요하지 않습니다. 하나님 역사에 있어서 가장 중요한 것은 하나님의 함께 하심입니다. 하나님이 함께 하실 때 소년 다윗이 골리앗을 넘어뜨렸듯 힘든 상황이나 환경도 극복할 수 있습니다. 빈 들에서 하나님 말씀이 임함으로 예수님의 오심을 예비할 수 있었던 요한의 사역이 좋은 증거입니다.
당신은 삶에 있어 하나님의 함께 하심을 얼마나 중요하게 여기며, 얼마나 간절하게 구하고 있습니까?

함께 기도합시다

빈 들에서

"하나님의 말씀이 빈 들에서 사가랴의 아들 요한에게 임한지라"(2절) 하나님께서는 로마 황제 디베료나 총독 빌라도, 대제사장 안나스나 가야바와 같이 당시 강력한 권력을 가진 사람들을 통해 말씀하지 않으셨습니다. 하나님은 로마나 예루살렘의 궁전 혹은 대저택에서 복음 역사를 시작하지 않으셨습니다. 하나님은 황량한 유다 광야의 외로운 선지자 세례 요한을 통해 말씀하셨습니다. 하나님이 세례 요한을 통해 말씀하신 이유는 세례 요한이 젊은 시절부터 자신을 전적으로 하나님께 헌신하여 주님만을 섬기고자 작정하고 연단을 받았기 때문입니다.

성경이 말씀하는 하나님 앞에서 쓰임 받을 수 있는 사람의 기준은 "자신을 하나님께 드려 헌신하는가?" 하는 것입니다. 어떤 권력과 직위, 어떤 장소에 있느냐 하는 것은 중요하지 않습니다. 어디에 있든지, 어떤 신분을 가지고 있든지 그가 하나님께 온전히 헌신되기만 하면 하나님은 돌이라도 들어 사용하십니다. 하나님이 사용하실지 말지를 고민하지 말고 무조건 먼저 자신을 드려 헌신하시기 바랍니다. 그렇게 될 때 하나님이 세례 요한을 사용하여 하나님 나라의 역사를 이뤄가셨듯이 오늘 우리를 들어 하나님의 역사를 이루어 가실 것입니다.

마귀의 시험을 이기신 예수님

● 누가복음 4:1-13(1,2a)
예수께서 성령의 충만함을 입어 요단강에서 돌아 오사 광야에서 사십 일 동안 성령에게 이끌리시며 마귀에게 시험을 받으시더라

요단강에서 세례 요한의 물 세례와 성부 하나님의 성령 세례를 받으심으로 하나님의 아들로 선포되신 예수님께서는 가장 먼저 마귀의 시험에 직면합니다. 하나님의 아들이신 예수님의 지상 사역의 성공과 실패는 마귀의 시험을 어떻게 이겨 내느냐에 달려있음을 보여줍니다.

예수님께서는 죄 때문에 모든 악과 고난의 상태에 처해있는 인류를 구원하실 사령관 자격으로 이 땅에 오셨습니다. 인류 구원의 사령관 되시는 예수님께서 인류를 구원하시기 위해서 가장 먼저 해야 할 일은 예수님의 사역을 방해하고 대적하는 악의 세력의 우두머리인 마귀와의 싸움에서 승리하는 것이었습니다. 인류 구원의 사령관 되시는 예수님께서 광야에서 성령의 인도하심을 받으며, 마귀의 시험을 멋지게 승리하심으로 인류 구원을 향한 발걸음을 힘차게 내딛습니다.

인류를 모든 악과 고난에서 해방시키실 예수님께서 당하신 시험은 무엇이며, 예수님께서 어떻게 시험을 이기셨는지를 살펴보면서, 마귀의 시험을 어떻게 극복해야 하는지 배울 수 있기를 바랍니다.

1. 요단강에서 세례 요한의 세례를 받으신 후에 예수님께서 어떤 상태로, 어디에서, 무엇을 하셨습니까(1-2a절)?

2. 예수님께서 마귀에게 첫 시험을 받으실 때, 어떤 상태에 있었으며, 시험의 내용은 무엇입니까? 이 내용이 어떤 면에서 예수님께 시험이 됩니까(2b-3절)? 예수님께서 마귀의 첫 시험에 대해서 어떻게 말씀하시며, 예수님의 말씀이 의미하는 바가 무엇입니까(4절)?

* **4절** : 예수님께서는 하나님의 아들로서 하나님을 의지하기보다 자신의 능력으로 자신의 필요를 충족시키라는 마귀의 유혹에 대해 신 8:3 말씀을 인용함으로 자신의 능력으로 육신의 필요를 채우는 데 집중하기보다 하나님의 말씀에 순종함으로 하나님 나라를 구하는데 집중해야 한다고 말씀하신다.

ESV

1 And Jesus, full of the Holy Spirit, returned from the Jordan and was led by the Spirit in the wilderness **2** for forty days, being tempted by the devil. And he ate nothing during those days. And when they were ended, he was hungry. **3** The devil said to him, "If you are the Son of God, command this stone to become bread." **4** And Jesus answered him, "It is written, 'Man shall not live by bread alone.'"

3. 마귀가 예수님께 무엇을 보여주며 어떤 제안을 합니까? 마귀의 제안이 어떤 면에서 시험이 됩니까(5-7절)? 예수님께서는 무슨 말씀으로 마귀의 제안을 거절하시며, 예수님의 말씀이 의미하는 바가 무엇입니까(8절)?

** 8절* : 신 6:13 말씀을 인용함으로써 마귀에게 절하는 것이 하나님 한 분만을 섬기라는 제1,2계명을 정면으로 위반하는 것이라고 말씀하신다.

4. 마귀가 예수님을 어디로 데리고 가서 예수님께 무슨 제안을 합니까? 마귀의 제안이 어떤 면에서 시험이 됩니까(9-11절)? 왜 마귀의 제안이 하나님을 시험하는 것이 됩니까(12절)?

**12절* : 신 6:16 말씀을 인용하신 말씀이다. 일부러 하나님을 시험하는 행위는 불신앙적인 행위다.

5 And the devil took him up and showed him all the kingdoms of the world in a moment of time,

6 and said to him, "To you I will give all this authority and their glory, for it has been delivered to me, and I give it to whom I will.

7 If you, then, will worship me, it will all be yours."

8 And Jesus answered him, "It is written, "'You shall worship the Lord your God, and him only shall you serve.'"

5. 예수님을 시험하는 일을 마친 마귀는 어떻게 행동합니까(13절)?

1. 세례 요한에게 세례를 받으실 때 하늘로부터 들려온 음성에 의해서 하나님의 아들로 확인되시고, 성령 충만함을 입으신 예수님께서 광야(인간이 필요로 하는 모든 것들부터 분리된 곳)에서 시험을 받으신 이유는 무엇입니까? 우리가 반드시 성령 충만함을 입어야 하는 이유는 무엇일까요?

2. 예수님께서는 마귀에게 시험을 받는 동안 하나님의 아들로서 자기 자신을 위해 모든 것을 행할 수 있는 능력과 누릴 수 있는 권리가 있었음에도 능력을 행사하거나 권리를 주장하지 않으시고, 하나님의 말씀에 대한 철저한 순종의 태도를 보여주셨습니다. 당신이 당하는 시험들은 어떤 것들이 있으며, 시험 당할 때 어떤 태도를 가져야 할까요?

함께 기도합시다

성령 충만한 예수님

성령 충만한 상태로 요단강에서 돌아오신 예수님께서는 광야에서 40일 동안 마귀에게 시험을 받으시는 동안 성령의 인도를 받으셨습니다. 예수님을 통해서 성령 충만함이란 성령의 인도하심을 받는 것임을 알게 됩니다. 우리도 성령 충만하여 성령의 인도를 받을 때, 우리에게 당면한 마귀의 시험을 능히 극복할 수 있습니다.

마귀는 예수님께서 오신 목적이 무엇인지를 잘 알고 있습니다. 마귀가 예수님을 찾아온 목적은 예수님의 인류 구원 사역을 방해하기 위해서입니다. 성령 충만하여 성령의 인도를 받으신 예수님께서는 집요한 마귀의 시험을 잘 이겨내셨습니다. 마귀는 계속적으로 예수님께서 하나님의 아들 되심을 상기시키며 시험합니다. 하나님 아들로서의 권세와 능력을 사용하여 표적을 행함으로써 자신의 육신적인 필요를 채우고 세상에서 큰 인기를 얻고, 영광을 누리도록 유혹합니다. 마귀는 예수님께서 자신의 능력과 권세를 자신을 위해서 사용하도록 유혹하지만, 예수님께서는 철저히 하나님 의존적인 태도를 취하시며, 철저히 신실하신 하나님을 신뢰하십니다.

예수님께서는 하나님의 아들이셨지만, 지상 만민을 구원하실 하나님의 어린 양으로서 이 땅에 오셨습니다. 그러므로 예수님의 구속 사역은 철저한 자기 부인과 자기 십자가를 지는 온전한 복종을 통해서만 완성될 수 있습니다. 마귀의 시험을 이기신 예수님처럼 성령 충만하여 성령의 인도함을 받음으로 마귀의 시험을 이겨내며, 우리를 향한 하나님의 뜻을 온전히 성취할 수 있어야 하겠습니다.

어부들을 부르신 예수님

● 누가복음 5:1-11(10)

세베대의 아들로서 시몬의 동업자인 야고보와 요한도 놀랐음이라 예수께서 시몬에게 이르시되 무서워하지 말라 이제 후로는 네가 사람을 취하리라 하시니

요단강에서 세례 요한의 세례를 받으신 후에 회당을 중심으로 본격적인 공생애 사역을 시작하신 예수님께서는 갈릴리 출신 어부들을 자신의 사역에 함께할 동역자로서 부르십니다.

본문에는 예수님의 이해할 수 없는 부르심에 대해 더 이해할 수 없는 놀라운 헌신으로 반응하는 어부들의 모습이 나타나 있습니다. 물고기 잡는 어부들을 사람을 취하는 제자로 부르신 예수님과, 그 부르심에 모든 것을 버려두고 예수님을 따르는 헌신적인 제자들을 통해서 예수님을 믿고 따른다는 것이 의미하는 바가 무엇인지 살펴보도록 하겠습니다.

1. 하나님의 말씀을 듣기 위해 게네사렛 호숫가로 모여든 무리들을 가르치시기 위해 예수님은 누구에게 무슨 요청을 하십니까? 그들은 무엇을 하고 있었습니까(1-3절)?

2. 무리들을 가르치는 일을 마치신 예수님께서 시몬에게 무슨 명령을 내리시며, 시몬은 예수님께 무엇이라고 대답하면서 순종합니까(4-5절)? 예수님의 말씀에 순종한 결과 어떤 일이 일어났습니까(6-7절)?

* **5절** : 일반적으로 어부들은 밤중에 깊은 물에서 고기를 잡는다. 낮 시간에는 깊은 곳에 고기가 없기 때문에, 얕은 물에서 고기를 잡는다.

ESV

1 On one occasion, while the crowd was pressing in on him to hear the word of God, he was standing by the lake of Gennesaret,
2 and he saw two boats by the lake, but the fishermen had gone out of them and were washing their nets.
3 Getting into one of the boats, which was Simon's, he asked him to put out a little from the land. And he sat down and taught the people from the boat.
4 And when he had finished speaking, he said to Simon, "Put out into the deep and let down your nets for a catch."
5 And Simon answered, "Master, we toiled all night and took nothing! But at your word I will let down the nets."
6 And when they had done this, they enclosed a large number of fish, and their nets were breaking.
7 They signaled to their partners in the other boat to come and help them. And they came and filled both the boats, so that they began to sink.

3. 이것을 본 시몬 베드로가 어떤 반응을 보였으며, 그 이유는 무엇입니까(8-10a절)?

　　*** 놀라고(9,10절)** : 예수님께서 행하신 일을 통해서 예수님의 신성을 체험했음을 의미한다.

　　____

　　____

　　____

　　____

　　____

　　____

　　____

　　____

4. 예수님께서 시몬 베드로에게 주신 약속 말씀은 무엇입니까(10b절)? 그 의미는 무엇입니까?

　　____

　　____

　　____

　　____

　　____

　　____

　　____

　　____

8 But when Simon Peter saw it, he fell down at Jesus' knees, saying, "Depart from me, for I am a sinful man, O Lord."

9 For he and all who were with him were astonished at the catch of fish that they had taken,

10 and so also were James and John, sons of Zebedee, who were partners with Simon. And Jesus said to Simon, "Do not be afraid; from now on you will be catching men."

5. 예수님의 약속 말씀을 받은 제자들이 어떤 반응을 보입
   니까(11절)?

1. '깊은 데로 가서 그물을 내려 고기를 잡으라'는 이해할 수 없는 예수님의 말씀을 들은 시몬이 놀랍게도 말씀에 의지하여 그물을 내리는 놀라운 반응을 보였습니다. 이렇게 시몬이 반응한 이유는 예수님에 대한 인격적인 신뢰관계가 형성되었음을 말해 주고 있습니다.
당신은 평소에 얼마나 예수님의 말씀을 신뢰하며 순종하고 있습니까? 그렇지 못했다면 이유가 무엇이라 생각합니까?

2. 예수님의 말씀에 의지하여 그물을 내리는 이해할 수 없는 순종을 통해서 예수님의 거룩한 신성을 경험한 베드로는 "이제 후로는 네가 사람을 취하리라"는 예수님의 약속 말씀을 듣고 부모와 직업, 자신의 꿈마저도 내려놓고 예수님을 따르는 철저히 헌신된 모습을 보여줍니다.
철저한 헌신을 위해 당신에게 필요한 것은 무엇입니까?

함께 기도합시다

이제 후로는 네가 사람을 취하리라

예수님은 지상 만민을 구원하는 사역에 함께 동참할 제자들을 세우기 위해 갈릴리 바다의 어부들을 찾아가 부르십니다. '이제 후로는 네가 사람을 취하리라'는 예수님의 약속 말씀을 들은 제자들은 자신의 모든 것(부모, 직업, 꿈, 미래)을 포기하고 예수님을 따르는 철저한 헌신을 보여줍니다.

제자들의 헌신은 맹목적인 헌신이 아니었습니다. 제자들의 헌신은 분명한 확신 가운데 드려진 헌신이었습니다. 잠시의 망설임도 없이 모든 것을 버려두고 예수님을 쫓은 것은 그만한 이유가 있었습니다.

첫 번째 이유는 예수님에 대한 온전한 신뢰가 있었기 때문입니다. 제자들은 이미 예수님에 대해서 잘 알고 있었습니다. 요한복음 1장에는 갈릴리 어부들인 제자들이 예수님을 만나는 장면이 나옵니다. 예수님과 인격적인 만남을 통해서 제자들은 이미 예수님께서 메시아(그리스도)이심을 확신하고 있었습니다. 철저한 헌신의 배경에는 예수님과 인격적인 만남을 통한 예수님에 대한 온전한 신뢰가 있습니다. 예수님과 개인적인 만남을 통해 예수님에 대한 온전한 신뢰를 쌓아가도록 노력해야 합니다.

두 번째 이유는 예수님에 대한 경외하는 마음을 가졌기 때문입니다. 제자들은 예수님의 말씀에 입각한 순종을 통해서 예수님의 거룩한 신성을 경험했습니다. 예수님의 행하심 속에 존재하는 하나님의 거룩한 신성을 경험한 제자들은 예수님에 대한 경외감에 사로잡혀 모든 것을 버리고 예수님의 부르심에 놀랍게 헌신하게 되었습니다. 예수님 안에서 하나님의 신성을 경험함으로 지상 만민을 구원하시려는 예수님의 부르심에 우리 모두의 철저한 헌신이 자발적으로 일어나기를 소망해 봅니다.

열두 사도를 부르신 예수님

- 누가복음 6:12-19(13)

  밝으매 그 제자들을 부르사 그 중에서 열둘을 택하여 사도라 칭하셨으니

누가복음 6:1-11은 안식일에 있었던 두 가지 사건을 다루고 있습니다. 첫 번째 사건(1-5절)은 예수님의 제자들이 안식일에 밀밭 사이를 지나가다가 밀 이삭을 잘라먹은 것에 대해 바리새인들이 안식일에 하지 말아야 할 일을 했다며 예수님의 제자들을 예수님께 고소하자, 다윗의 예를 드신 후에 예수님 자신이 안식일의 주인임을 선포하신 사건입니다. 두 번째 사건(6-11절)은 예수님을 고소하기 위한 증거를 찾기에 혈안이 된 서기관과 바리새인들이 보는 앞에서 예수님은 보란 듯이 한 손 마른 사람을 고쳐주심으로써 안식일의 참된 의미가 무엇인지 가르쳐 주시며, 그들의 그릇된 율법주의에 도전하신 사건입니다. 서기관들과 바리새인들은 예수님의 계속되는 당당한 행동에 당혹스러워하며 격분하게 됩니다.

예수님의 사역이 대중화될수록 반대자들의 저항 또한 거세어지게 됩니다. 이제부터 예수님께서는 자신의 사역을 대리할 사도 공동체를 세우고자 계획하시고 제자들 중에서 열두 명의 사도들을 선택하신 후에, 그들과 함께 공동체 사역을 이루어 가십니다.

1. 안식일의 참된 정신을 가르쳐주신 예수님의 행동에 대해 서기관들과 바리새인들이 분개하며 예수님을 어떻게 해야 할지 모의하는 상황에서 예수님은 무엇을 하셨습니까(12절)?

2. 예수님께서는 어떤 사람들 중에서 사도를 선택하십니까(13절)?

* **사도(13절)** : 권위자로부터 일정한 임무를 부여받고 대표자 혹은 사자로서 '파견된 사람'을 말한다.

ESV

12 In these days he went out to the mountain to pray, and all night he continued in prayer to God.
13 And when day came, he called his disciples and chose from them twelve, whom he named apostles:

3. 예수님께서 택하신 열두 사도는 누구이며, 어떤 공통된 특징이 있습니까(14-16절)?

누가복음

4. 예수님께서 열두 사도와 함께 산에서 평지로 내려왔을 때 어떤 사람들이 기다리고 있었습니까(17절)?

ESV

14 Simon, whom he named Peter, and Andrew his brother, and James and John, and Philip, and Bartholomew,
15 and Matthew, and Thomas, and James the son of Alphaeus, and Simon who was called the Zealot,
16 and Judas the son of James, and Judas Iscariot, who became a traitor.
17 And he came down with them and stood on a level place, with a great crowd of his disciples and a great multitude of people from all Judea and Jerusalem and the seacoast of Tyre and Sidon,

5. 예수님께서 자신을 기다리고 있었던 무리들에게 어떻게 행하십니까(18-19절)?

1. 예수님 주변에는 예수님을 따르는 수많은 제자들이 있었습니다. 그런데 예수님께서 밤새도록 기도하신 후에 택하신 12명의 제자들을 보면 선택받을 만큼 잘난 사람이 없어 보입니다. 평범하다 못해 '왜 예수님께서 이런 사람들을 사도로 선택하셨을까?' 라는 생각이 들 정도입니다.
당신을 거룩한 무리(성도)요 그리스도의 제자로 부르신 이유가 무엇이라고 생각합니까?

2. 예수님께서는 개인이 아닌 제자 공동체를 통해서 많은 사람들을 섬기는 사역을 감당하길 원하셨습니다. 오늘날 예수님으로부터 부르심을 받고 공동체 안에서 사명을 감당하려고 할 때 주의하고 명심해야 할 점은 무엇입니까?

함께 기도합시다

열두 명의 사도공동체

예수님을 향한 대적들의 위협이 점점 강해지는 가운데 예수님께서는 밤새도록 기도하신 후에 자신을 따르던 많은 제자들 중에서 열두 명을 선별하여 사도 공동체를 이루게 하십니다. 겉으로 볼 때 이들 중 어느 한 사람 예수님의 사역을 대신하여 감당할 만큼 탁월한 인물이 없어 보입니다. 좋은 가문 출신도 없었으며, 좋은 학벌을 가진 자도 없었습니다. 그중에는 예수님을 대적에게 팔아넘길 사람도 포함되어 있습니다.

예수님께서는 탁월한 능력을 가진 개인을 부르셔서 자신의 사역을 계승하도록 하신 것이 아니라, 열두 명으로 구성된 공동체를 이루게 하셨습니다. 예수님께서는 자신의 사역을 대리할 공동체를 세우기를 원하셨습니다. 하나님께서는 개인이 아닌 공동체를 통해서 지상 만민을 구원하시길 기뻐하십니다. 아브라함 한 사람을 부르셔서 큰 민족공동체를 이루게 하셨습니다. 지금도 하나님께서는 탁월한 한 개인을 통해서 구원 역사를 이루어 가시는 것이 아니라, 공동체(교회)를 통해서 구원 역사를 이루어 가십니다. 그러므로 우리는 건강한 공동체를 이루기를 힘써야 합니다. 구원받았지만 연약한 개개인이 모여서 반드시 공동체를 이루어 주님의 구속 사역을 대리해야 합니다. 완전한 개인은 없습니다. 개인은 부족하지만, 공동체를 이룰 때 온전해질 수 있습니다. 서로가 서로의 부족한 부분들을 보충해주며, 온전함을 이루어가게 합니다.

열두 명의 선택된 제자들로 이루어진 사도 공동체는 개인의 능력이나 탁월함이 아닌, 철저히 예수님의 능력을 의지하는 공동체를 이루어야 합니다. 예수님의 능력이 나타나는 공동체가 될 때 사도 공동체 사명을 온전히 감당하게 됩니다. 예수님 능력으로 치유가 일어나고 영혼 회복이 일어나는 공동체를 이루어야 합니다. 예수님의 통치와 다스림을 받는 공동체를 이룰 때, 예수님 사역을 대리하는 공동체로서의 사명을 잘 감당하게 됩니다.

청년을 일으키신 예수님

● 누가복음 7:11-17(14)

가까이 가서 그 관에 손을 대시니 멘 자들이 서는지라 예수께서 이르시되 청년아 내가 네게 말하노니 일어나라 하시매

예수님은 우리가 기도할 때 응답해주시는 분이기도 하지만, 때로는 우리가 기도하지 못할 때 먼저 다가오는 분이기도 하십니다. 너무나 고통스러워 도저히 아무것도 할 수 없을 때, 우리가 구하기 전에 이미 우리의 모든 것을 아시는 주님께서 찾아오시고 만나주십니다. 나인성 과부는 참으로 불쌍한 여인이었습니다. 남편이 없는 마당에 독자였던 아들까지 죽고 말았기 때문입니다. 하나의 기둥이 아니라 두 개의 기둥까지 다 무너진 상황이었습니다. 진실로 떠나보내기 싫은 죽은 아들을 사람들과 함께 장례 치르고자 할 때, 예수님께서 이를 불쌍히 여기시고, 죽은 청년을 살려주셨습니다. 우리가 먼저 다가간 적이 없습니다. 내가 먼저 주님을 찾은 것 같아도 사실은 주님이 그런 마음을 이미 주심으로 주님이 먼저 나를 찾아오신 것입니다. 오늘 본문을 통해서 먼저 찾아오시는 예수님을 만날 수 있기를 바랍니다.

1. 예수님이 어떤 성으로 가셨으며, 그곳에서 어떤 광경을 보게 되었습니까(11-12절)? 한 어머님이 어떠한 상황에 처해 있었는지 자세히 말해보시오.

2. 주께서 과부를 보시고, 어떤 마음을 가지셨으며 어떤 말씀을 하셨습니까(13절)? 청년을 살리기 위한 예수님의 구체적인 행위가 무엇이었습니까(14절)?

ESV

11 Soon afterward he went to a town called Nain, and his disciples and a great crowd went with him.
12 As he drew near to the gate of the town, behold, a man who had died was being carried out, the only son of his mother, and she was a widow, and a considerable crowd from the town was with her.
13 And when the Lord saw her, he had compassion on her and said to her, "Do not weep."
14 Then he came up and touched the bier, and the bearers stood still. And he said, "Young man, I say to you, arise."

3. 예수님의 말씀 앞에서 이미 죽어 차갑게 관에 누워 있었던 청년이 어떤 반응을 보였습니까(15절)? 당신은 예수님 말씀의 능력과 권위에 대해서 어떻게 생각하고 계십니까(히 4:12-13)?

____

____

____

____

____

____

____

____

4. 사람들의 감정적 반응이 무엇이며, 하나님께 영광을 돌리며 선포했던 말이 무엇입니까(16절)? 예수님께 대한 소문이 어떻게 퍼져나갔습니까(17절)?

____

____

____

____

____

____

____

1. 비통함에 젖어 독자의 장례를 치르던 과부를 향한 주님의 마음은 안타까운 마음과 구체적인 섬김으로 나타났습니다. 오늘 본문에서 예수님은 하나님의 무한하신 자비와 전능하신 능력을 보여주셨습니다.
   그동안 당신의 삶속에 하나님의 사랑과 능력은 어떻게 나타났습니까?

2. 독자의 죽음으로 더 이상 의지할 데 없었던 과부는 예기치 않는 놀라운 은혜를 입게
되었습니다. 성문을 지나 사랑하는 독자를 무덤에 안치하기 전, 극적인 순간에 예수
님을 만났고, 예수님은 죽은 아들을 살려 어머니의 품에 안겨주셨습니다. 누구든지,
어떠한 상황에 있든지 예수님을 만나게 되면 새로운 미래가 펼쳐집니다.
당신이 꼭 예수님을 만나도록 돕고 싶은 주변의 사람이 있다면 누구입니까?

함께 기도합시다

자기 백성을 돌보시는 하나님

비극의 정서가 어둡게 깔린 본문의 말씀입니다. 본문은 죽은 자를 외아들이라고 말하고, 또한 어머니를 과부라고 말함으로써 그 비극의 정도가 어느 정도인가를 가늠하게 합니다. 가슴을 찢고 하늘도 슬퍼할 통곡소리 속에 장례행렬이 지나갑니다. 그것을 막아 세운 이가 있었으니 예수님이었습니다. 죽은 시체가 들어있는 관에 손을 대는 것은 율법적으로 옳지 않은 일입니다. 민수기 19:11,16절에 의하면 누구든지 칼에 죽은 자나 시체나 사람의 **뼈**나 무덤을 만졌을 경우에 부정하게 되기 때문입니다. 사랑은 율법을 이깁니다. 예수님은 사랑의 탁월한 법으로 율법의 한계를 깨뜨리시고 과부의 슬픔을 위로하십니다. 이것이 바로 독생자를 주신 하나님의 사랑입니다. 하나님은 온 인류를 구원하시기 위해 예수님을 보내주셨고, 예수님은 사랑의 화신이 되어 모든 율법 위에 초월적으로 행하심으로 사랑을 실천하십니다. 그 깊은 사랑의 실천에 깜짝 놀랐고 감동을 받은 백성들은 이렇게 말했습니다. "하나님께서 자기 백성을 돌보셨다"(16b)

씨 뿌리는 자의 비유

- 누가복음 8:4-15(15)

  좋은 땅에 있다는 것은 착하고 좋은 마음으로 말씀을 듣고 지키어 인내로 결실하는 자니라

잘 듣는 것이 너무나 중요합니다. 혹자는 입이 하나이고 귀가 둘인 이유는 두 배 더 잘 들으라는 뜻이라고 이야기했습니다. 하지만 표면적인 귀의 존재가 듣는 것을 보장해주지 않습니다. 수많은 사람들이 눈을 뜨고 있지만 보지 못하고, 귀가 두 개나 있지만 잘 듣지 못 합니다. 우리의 마음 밭이 좋은 밭으로 변화되지 않으면 우리가 듣는 하나님의 말씀이 아무리 생명의 말씀이요, 지혜의 말씀이라 할지라도 어떤 효능도 일어날 수 없습니다. 사도바울의 말처럼(롬 10:17) 믿음은 분명히 들음에서 나오지만, 그 듣는 행위는 우리 마음 안에서 온전히 일어나야 합니다. 잘 들어야 합니다. 마음으로 듣고, 영으로 들어야 합니다. 그러므로 가장 중요한 자세는 낮은 마음이고 철저히 겸손한 마음입니다. 사무엘처럼 "말씀하옵소서 주의 종이 듣겠나이다"(삼상 3:10)의 자세입니다. 좋은 밭에 씨가 뿌려지면 반드시 열매 맺듯이, 영으로 잘 들으면 반드시 믿음의 성장이 일어납니다.

1. 예수님께서 누구 앞에서, 그리고 어떤 내용으로 비유를 말씀하셨습니까(4-8절)? 왜 예수님은 비유로 말씀하십니까(9-10절)?

ESV

4 And when a great crowd was gathering and people from town after town came to him, he said in a parable,
5 "A sower went out to sow his seed. And as he sowed, some fell along the path and was trampled underfoot, and the birds of the air devoured it.
6 And some fell on the rock, and as it grew up, it withered away, because it had no moisture.
7 And some fell among thorns, and the thorns grew up with it and choked it.
8 And some fell into good soil and grew and yielded a hundredfold." As he said these things, he called out, "He who has ears to hear, let him hear."
9 And when his disciples asked him what this parable meant,
10 he said, "To you it has been given to know the secrets of the kingdom of God, but for others they are in parables, so that 'seeing they may not see, and hearing they may not understand.'

2. 뿌리는 씨와 밭은 무엇을 가리키며, 말씀이 길 가에 떨어졌다는 것은 무엇을 의미합니까(11-12절)? 언제 우리 마음 밭이 길 가처럼 된다고 생각합니까?

3. 말씀이 바위 위에 떨어졌다는 것은 무엇을 의미합니까(13절)? 언제 우리 마음 밭이 바위처럼 됩니까?

ESV

11 Now the parable is this: The seed is the word of God. 12 The ones along the path are those who have heard; then the devil comes and takes away the word from their hearts, so that they may not believe and be saved. 13 And the ones on the rock are those who, when they hear the word, receive it with joy. But these have no root; they believe for a while, and in time of testing fall away.

4. 말씀이 가시떨기에 떨어졌다는 것은 무엇을 의미하며 (14절), 좋은 땅에 떨어진 말씀은 그 결과가 어떻습니까 (15절)? 언제 우리 마음 밭이 가시떨기처럼 된다고 생각합니까?

ESV

14 And as for what fell among the thorns, they are those who hear, but as they go on their way they are choked by the cares and riches and pleasures of life, and their fruit does not mature.

15 As for that in the good soil, they are those who, hearing the word, hold it fast in an honest and good heart, and bear fruit with patience.

1. 말씀을 듣는 자리에 있다고 다 말씀을 듣는 게 아닙니다. 들어도 깨닫지 못하는 사람들이 있습니다. 말씀을 듣는 당신의 마음 밭은 어떤 밭입니까?

2. 우리가 열매를 잘 맺으려면 좋은 마음 밭이 되어야 합니다. 길 가는 땅을 갈아엎어야 할 것이며, 돌밭은 돌을 치워야 할 것이며, 가시떨기 밭은 가시를 제거해야 할 것입니다.
당신이 좋은 마음 밭이 되기 위해 새롭게 바꾸고, 변화시켜야 할 것들에는 무엇이 있습니까? 구체적으로 말해보십시오.

함께 기도합시다

● 삶의 자리

말씀을 듣는 자의 책임

말씀은 차별 없이 뿌려지고, 다양한 계층의 다양한 사람들이 다양한 상태로 말씀을 듣게 됩니다. 똑같은 말씀을 들어도 그 결실에서는 차원이 다릅니다. 오늘 말씀은 당시 밀을 재배하는 과정을 배경으로 하고 있습니다. 농부는 먼저 씨를 뿌리기 전에 밭에서 지난해의 묵은 것들을 깨끗하게 치웁니다. 밭을 갈지 않은 채로 밭의 표면에 씨를 뿌립니다. 씨를 뿌릴 때는 허리춤에 작은 주머니를 차고 그 주머니에서 씨를 꺼내 손으로 씨앗을 흩어 뿌립니다. 일단 씨를 뿌렸으면 농부는 나무 쟁기로 씨가 뿌려진 밭을 갑니다. 이렇게 해서 씨는 땅속으로 들어가게 됩니다. 하지만 길과 밭 사이의 경계가 분명하지 않고, 또 팔레스타인 농지의 특성상 흙 밑에는 석회석이나 현무암 등 돌들이 흔하게 널려있었고, 밭 한가운데에 가시덤불이 불쑥 자라고 있는 경우도 많았기 때문에 뿌려진 씨앗들은 그 밭의 환경에 따라 각각 결실이 달라졌습니다. 그러나 우리가 스스로 어쩔 수 없는 운명적인 땅의 밭들과 다른 점은 우리는 힘을 다해 마음 밭을 주님께 드릴 수 있다는 것입니다. 말씀을 들을 때 겸손하게 사모함으로 듣고 온전히 지키고자 한다면, 말씀은 내면에서 발아하고 자라서, 마침내 백배의 열매를 맺게 되는 것입니다. 열매를 담보하는 좋은 마음 밭은 성령 안에서 언제든지 가능합니다.

9과

열두 제자를 보내신 예수님

● 누가복음 9:1-9(1)

예수께서 열두 제자를 불러 모으사 모든 귀신을 제어하며 병을 고치는 능력과 권위를 주시고

사망이 가득한 이 땅에 예수님은 구원의 복된 소식을 가지고 오셨습니다. 예수님은 이 복음이 온 세상에 증거되어 사람들이 구원에 이르는 계획을 가지고 계셨습니다. 이 일을 위해 예수님은 제자 공동체를 세워 그들을 통해 당신의 일을 함께할 수 있게 하셨습니다. 예수님의 복음을 이어받아 계속해서 전파되고 세상이 구원에 이를 수 있도록 예수님은 제자들을 세우시고 파송하셨습니다. 예수님의 사역을 계승하는 것은 매우 놀라운 특권입니다. 예수님의 능력과 권세에 참여하는 것이며, 하나님 나라를 완성해 가는 것이기 때문입니다. 예수님은 지금도 제자를 부르십니다. 그 부름을 받은 이들에게 당신의 나라를 허락하시고 복음 역사에 참여시키십니다. 오늘 말씀을 통해 그분의 제자로 부름 받은 소명을 확인하는 시간이 되길 바랍니다.

1. 예수님이 열두제자를 불러서 주신 능력이 무엇이며, 어떤 사명을 맡기셨습니까(1-2절)?

2. 전도여행의 원칙들이 무엇이며, 각각 의미하는 바가 무엇입니까(3-4절)? 제일의 가치를 추구하려면, 제2, 제3의 가치들을 포기하는 결단이 있어야합니다. 당신은 포기할 것을 포기하면서 주님만 의지하며 나아가고 있습니까?

ESV

1 And he called the twelve together and gave them power and authority over all demons and to cure diseases,
2 and he sent them out to proclaim the kingdom of God and to heal.
3 And he said to them, "Take nothing for your journey, no staff, nor bag, nor bread, nor money; and do not have two tunics.
4 And whatever house you enter, stay there, and from there depart.

3. 제자들이 거부당할 때는 어떻게 해야 합니까(5절)? 제
자들이 어떻게 순종했습니까(6절)? 전도에 실패는 없습
니다. 단지 거부당할 뿐입니다. 거부당할 때 당신은 어
떻게 했습니까?

4. 분봉왕 헤롯이 심히 당황한 이유가 무엇이며, 사람들이
예수님에 대하여 무엇이라고 말했습니까(7-9절)? 사단
이 매우 싫어하는 것 중 하나가 제자를 세우는 일입니
다. 사단이 제자 세우는 일을 어떻게 방해한다고 생각하
십니까?

5 And wherever they do not receive you, when you leave that town shake off the dust from your feet as a testimony against them."

6 And they departed and went through the villages, preaching the gospel and healing everywhere.

7 Now Herod the tetrarch heard about all that was happening, and he was perplexed, because it was said by some that John had been raised from the dead,

8 by some that Elijah had appeared, and by others that one of the prophets of old had risen.

9 Herod said, "John I beheaded, but who is this about whom I hear such things?" And he sought to see him.

1. 예수님이 제자를 세우신 이유는 장차 승천하셔야 했기 때문입니다. 역사의 계승과 복음의 증거를 위해 예수님은 제자를 세우시고 훈련하십니다. 우리 공동체에서 제자양성은 어떻게 진행되고 있으며, 당신은 어떻게 참여하고 있습니까?

2. 우리에게는 하나님이 주신 능력이 있고, 제자로서의 삶의 원칙들이 있습니다. 당신은 하나님의 능력을 어떻게 맛보고 있으며, 제자에 합당한 삶을 어떻게 살고 계십니까?

함께 기도합시다

● 삶의 자리

제자의 삶

　구약의 이스라엘 민족은 아브라함의 약속이 열두 지파를 통해 성취됨으로 가능하게 되었습니다. 이처럼 신약의 교회는 예수님께서 열두 제자를 부르시고 파송함으로써 가능하게 된 것입니다. 예수님께서는 5:3-11에서 베드로와 야고보와 요한을 처음 부르는 것으로 시작하여 6:12-16에서 그 열두 제자의 선택을 마치셨는데, 제자들이 자신의 스승을 선택하는 당시의 관습과는 다르게 친히 예수님께서 자기의 사람들을 부르셨습니다. 부르신 것은 훈련하여 마침내 파송하기 위함이었습니다. 즉 파송하기 위하여 부르신 것입니다. 파송 받은 제자는 "하나님 나라"라는 분명한 메시지를 선포해야 합니다. 둘째는 최소한의 것만 가지고 여행해야 합니다. 셋째는 거처를 맘대로 정해서는 안 됩니다. 넷째는 거부당할 때 증거를 삼아야 합니다. 제자는 오직 복음을 위해 최우선으로 헌신하며, 모든 필요를 오직 주님께만 의지해야 합니다. 교회 지도자들의 타락상이 극심한 오늘날, 순결하게 주님만을 바라면서 믿음으로 복음을 전하는 제자들이 그 어느 때보다도 더욱 요구되고 있습니다.

자비를 베푸는 그리스도인

- **누가복음 10:25-37(37)**

  이르되 자비를 베푼 자니이다 예수께서 이르시되 가서 너도 이와 같이 하라 하시니라

사랑은 구체적으로 실천하는 '이타적 행동'입니다. 제사장과 레위인은 당시 대표적으로 '하나님을 섬기는' 사람들이었습니다. 누구보다도 하나님을 잘 알고 하나님을 잘 섬기는 사람입니다. 그러나 이웃을 향한 실천적 측면에서 볼 때 그들은 그들이 멸시하는 사마리아 사람보다 한참 뒤떨어진 사람들이었습니다. 그들은 강도 만난 사람을 보고 못 본 체하며 지나쳤지만, 사마리아 사람은 강도 만난 사람에게 다가가 그의 아픔과 필요를 채워 주었습니다. 분명 제사장과 레위인은 하나님을 사랑하고 이웃을 사랑하라는 말을 많이 가르쳤을 것입니다. 그러나 정작 자신들은 그 말씀을 실천하지 않았습니다. 우리는 고통의 시대에 살고 있습니다. 많은 이들이 슬픔과 고통, 또 죄와 사망 속에서 아파하고 있습니다. 그들에게 필요한 것은 어떤 가르침이나 신앙의 결단이 아니라, 다가가 아픔을 감싸주고 실천하는 사랑의 수고입니다.

1. 율법교사가 예수님께 던진 질문이 무엇이며, 예수님의 대답은 무엇입니까(25-26절)? 율법교사가 던진 질문이 왜 시험이 될까요?

2. 율법교사의 대답이 무엇이며, 예수님의 대답은 무엇입니까(27-28절)? 율법교사의 문제점이 무엇인 것 같습니까?

ESV

25 And behold, a lawyer stood up to put him to the test, saying, "Teacher, what shall I do to inherit eternal life?"
26 He said to him, "What is written in the Law? How do you read it?"
27 And he answered, "You shall love the Lord your God with all your heart and with all your soul and with all your strength and with all your mind, and your neighbor as yourself."
28 And he said to him, "You have answered correctly; do this, and you will live."
29 But he, desiring to justify himself, said to Jesus, "And who is my neighbor?"

3. 강도 만난 사람에 대한 제사장, 레위인의 반응이 어떠
   합니까(30-32절)? 당시 제사장과 레위인들은 어떤 사
   람들이었습니까?

____

____

____

____

____

____

____

4. 누가 강도 만난 사람을 어떻게 도와주었으며, 예수님께
   서는 어떤 명령을 주셨습니까(33-37절)? 당시 사마리
   아인은 어떤 사람들이었습니까?

____

____

____

____

____

____

____

1. 누가 보아도 하나님을 사랑하며, 종교 활동을 열심히 하는 사람은 제사장과 레위인이었습니다. 그러나 그들은 강도 만난 자의 이웃이 되지 못했습니다. 그 이유가 무엇이라고 생각합니까? 어떤 점에서 우리가 제사장이나 레위인과 같습니까?

2. 주님은 우리가 사마리아인과 같이 행할 것을 말씀하십니다. 우리 주변의 강도 만난 이웃이 누구이며, 그들을 향해서 우리는 어떤 수고를 기울여야 할까요?

누가복음

함께 기도합시다

● 삶의 자리

영생이 있는 사람

본문의 율법사는 영생에 대한 관심이 많았습니다. 여기서 영생이란 꼭 죽은 후에 얻는 생명이 아니라 종말의 때에 하나님 나라에서의 영원한 삶을 의미합니다. 그는 율법을 잘 알고 있었고, 스스로 문제가 없다고 생각했고, 예수님도 "네 대답이 옳다"하시며 그에게 동의하셨습니다. 하지만 예수님은 강도 만난 자의 이야기를 전해주시면서 진정으로 하나님의 계명에 순종하여 이웃을 사랑함으로써 영생을 얻을 자가 누구인가를 말씀해주셨습니다. 많은 사람들의 기대와 달리 거룩한 제사장은 거의 죽게 된 강도 만난 자를 피해 지나쳐 가버렸고, 뒤이어 등장한 레위인을 기대했으나 그도 그냥 지나쳐 가고 말았습니다. 그리고 아무도 기대하지 않던 이방인과 다름없는 사마리아인이 그를 온전히 돌보는 것을 보며 충격을 받았습니다. 예수님은 율법사에게 "가서 너도 이와 같이 하라"라고 말씀하셨습니다. 즉 강도 만난 사람들을 구체적으로 섬겨 하나님의 계명인 이웃사랑을 진정으로 실천할 때 영생을 얻을 수 있다는 것입니다. 진실로 영생은 입으로 얻는 것이 아니라, 진정성 있는 고백과 순전한 실천이 뒤 따라야 함을 알 수 있습니다.

11과

말씀을 듣고 지키는 자

● 누가복음 11:14-28(28)

예수께서 이르시되 오히려 하나님의 말씀을 듣고 지키는 자가 복이 있느니라 하시니라

많은 사람들이 하나님을 만나기 원하고, 또 하나님을 체험하기도 합니다. 그러나 이전보다 더 타락한 경우들을 많이 보게 됩니다. 죄를 회개하고, 악한 마귀의 일을 떨쳐낸 후로는 더욱 말씀을 듣고 지키는 삶을 살아야 합니다. 그런데 한순간의 은혜의 경험에 빠져서 지속적으로 말씀묵상과 경건의 훈련을 해야 함에도, 많은 경우 거기까지 못 합니다. 그것이 큰 함정입니다. 왜냐하면 잠시의 체험에 만족하다가 도리어 더 어려운 지경에 빠지기 때문입니다. 진정으로 복된 사람은 기적을 체험하여 황홀경에 빠지는 자가 아닙니다. 참으로 복 있는 자는 말씀을 듣고 지키는 자입니다. 실천적 그리스도인이 되어야 합니다. 아무리 교회를 잘 나가고 제자훈련을 받는다 할지라도 실제적으로 들은 말씀을 실천하지 않는다면 아무것도 아닌 것입니다. 도리어 사단에게 시험의 빌미를 제공해주는 것이 되기도 합니다. 오늘 본문을 통해서 말씀을 듣고 지키는 것의 중요성을 깨닫기 바랍니다.

1. 예수님이 행하신 기적이 무엇이며, 그에 대한 사람들의 반응은 무엇이었습니까(14-16절)? 왜 사람들은 좋은 일에 나쁘게 반응했을까요?

2. 예수님께서 바알세불(귀신의 왕)을 힘입은 것이 아닌 것을 어떻게 설명하십니까(17-19절)? 예수님은 누구를 힘입어 귀신을 쫓아내시며, 그것은 무엇을 의미합니까(20-23절)?

ESV

14 Now he was casting out a demon that was mute. When the demon had gone out, the mute man spoke, and the people marveled.
15 But some of them said, "He casts out demons by Beelzebul, the prince of demons,"
16 while others, to test him, kept seeking from him a sign from heaven.
17 But he, knowing their thoughts, said to them, "Every kingdom divided against itself is laid waste, and a divided household falls.
18 And if Satan also is divided against himself, how will his kingdom stand? For you say that I cast out demons by Beelzebul.
19 And if I cast out demons by Beelzebul, by whom do your sons cast them out? Therefore they will be your judges.
20 But if it is by the finger of God that I cast out demons, then the kingdom of God has come upon you.

21 When a strong man, fully armed, guards his own palace, his goods are safe;
22 but when one stronger than he attacks him and overcomes him, he takes away his armor in which he trusted and divides his spoil.
23 Whoever is not with me is against me, and whoever does not gather with me scatters.

3. 귀신들렸던 사람이 어떤 경우에 전보다 더 심해질 수 있습니까(24-26절)? 우리가 회개한 후 하나님의 말씀으로 무장하지 않는다면 처음보다 더 나빠질 수 있습니다. 당신은 회개한 후 더 어려워졌던 경험이 있습니까?

4. 예수님의 말씀에 감동한 한 여성이 무엇이라고 외쳤습니까(27절)? 그에 대한 예수님의 답변이 무엇입니까(28절)? 당신은 진정으로 복 있는 사람입니까?

1. 예수님은 하늘과 땅의 모든 권세를 가지신 구세주이십니다. 예수님 앞에 모든 원수 마귀들이 떠는 이유입니다. 우리가 예수 이름으로 선포하며 나아갈 때, 우리는 언제든지 승리할 수 있습니다. 온갖 어둠의 세력들, 불신앙과 부정적인 마음들(염려와 두려움 등), 정욕적인 세력들을 예수 이름으로 정복할 수 있습니다.
당신이 지금 예수님의 이름을 힘입어 극복해야할 어둠의 요소들에는 무엇이 있습니까?

2. 예수님의 권세와 놀라운 말씀들 앞에서 한 여성이 마리아를 칭송했지만, 예수님은 하나님의 말씀을 듣고 지키는 자가 복이 있다고 하셨습니다. 더욱 복된 자가 되기 위하여, 말씀을 어떻게 듣고, 어떻게 지킬 것인지 각자의 결심을 나누어보십시오.

함께 기도합시다

● 삶의 자리

하나님의 나라가 임하는 자리

　예수님은 귀신을 쫓아내심으로 하나님의 나라가 이미 임하였음을 증거하셨지만, 적대자들은 예수님이 바알세불을 힘입어 축귀했다고 주장하였습니다. 그들의 주장에 심각한 오류가 있는 것은 귀신이 같은 귀신을 쫓아낼 리가 없기 때문입니다. 예수님은 "하나님의 손"(20; 출 8:19)을 언급하심으로써 예수께서 행하고 계신 일이 모세가 애굽에 재앙들을 내리셔서 하나님의 백성을 민족적인 노예 상태로부터 구원해낸 일의 연속선상에 있음을 증거하셨습니다. 예수님을 믿지 않는 자는 예수님의 어떤 기적을 본다 해도 예수님을 따르지 못 합니다. 예수님의 기적 앞에서 사람들이 도리어 예수님을 시험하고 하늘로부터 오는 표적을 구한 것이 그것입니다. 하나님의 나라는 예수님의 말씀에 있습니다. 자기를 신뢰하지 않고 말씀을 신뢰하고, 세상의 소리를 듣는 대신 말씀을 들으며, 그것을 지키어 나갈 때 하나님의 나라가 진정으로 임하게 됩니다.

12과

하늘에 보물을 쌓는 삶

● 누가복음 12:13-34(34)

너희 보물 있는 곳에는 너희 마음도 있으리라

물질에 집착하는 현대인들이 많습니다. 어떻게 하면 더 많은 돈을 벌 수 있을까 하면서 부동산에도 투자하기도 하고, 주식에 투자하기도 하고, 어떤 경우는 지속적으로 로또에 투자하거나 심지어 도박에 빠지기도 합니다. 그러나 뜻대로 되지 않습니다. 설령 뜻대로 된다 해도 물질을 우리가 영원히 소유하며 즐길 수 없고, 그것이 우리에게 행복을 보장해주지도 않습니다. 물질의 주인은 하나님입니다. 우리가 모든 물질의 문제를 하나님께 맡기고, 돈을 좇는 대신에 하나님의 말씀을 좇는다면 하나님께서는 우리 삶의 모든 필요를 적절하게 채워주실 것입니다. 물질과 행복은 염려로 잡을 수 있는 것이 아닙니다. 하나님께 기도하며, 하나님의 의를 먼저 구할 때 우리는 우리가 마땅히 행할 그 일을 통해 필요한 모든 것은 부족함 없이 해결될 것입니다(마 6:33).

1. 한 사람이 예수님께 부탁한 것이 무엇이며, 예수님의 대
   답은 무엇입니까(13-15절)? 유산을 나누어달라고 요구
   했던 문제가 무엇이었던 것 같습니까?

2. 한 부자가 많은 소출을 얻게 되었을 때 심중에 어떤 생
   각을 하였습니까(16-19절)? 왜 하나님은 그가 어리석은
   자라고 하셨습니까(20-21절)?

ESV

13 Someone in the crowd said to him, "Teacher, tell my brother to divide the inheritance with me."
14 But he said to him, "Man, who made me a judge or arbitrator over you?"
15 And he said to them, "Take care, and be on your guard against all covetousness, for one's life does not consist in the abundance of his possessions."
16 And he told them a parable, saying, "The land of a rich man produced plentifully,
17 and he thought to himself, 'What shall I do, for I have nowhere to store my crops?'
18 And he said, 'I will do this: I will tear down my barns and build larger ones, and there I will store all my grain and my goods.
19 And I will say to my soul, "Soul, you have ample goods laid up for many years; relax, eat, drink, be merry."'
20 But God said to him, 'Fool! This night your soul is required of you, and the things you have prepared, whose will they be?'
21 So is the one who lays up treasure for himself and is not rich toward God."
22 And he said to his disciples, "Therefore I tell you, do not be anxious about your life, what you will eat, nor about your body, what you will put on.
23 For life is more than food, and the body more than clothing.

3. 예수님은 목숨과 몸을 위하여 염려하지 말라고 하셨는데, 그 이유가 무엇입니까(22~29절)? 세상 걱정은 누가 하는 것이며, 우리는 왜 하지 않아도 됩니까(30절)?

____

____

____

____

____

____

4. 하나님을 믿는 자녀들이 염려와 걱정 대신에 힘써서 감당해야 할 일이 무엇입니까(31~34절)? 당신은 하늘에 보물을 어떻게 쌓고 계십니까?

____

____

____

____

____

____

____

ESV

24 Consider the ravens: they neither sow nor reap, they have neither storehouse nor barn, and yet God feeds them. Of how much more value are you than the birds!

25 And which of you by being anxious can add a single hour to his span of life?

26 If then you are not able to do as small a thing as that, why are you anxious about the rest?

27 Consider the lilies, how they grow: they neither toil nor spin, yet I tell you, even Solomon in all his glory was not arrayed like one of these.

28 But if God so clothes the grass, which is alive in the field today, and tomorrow is thrown into the oven, how much more will he clothe you, O you of little faith!

29 And do not seek what you are to eat and what you are to drink, nor be worried.

30 For all the nations of the world seek after these things, and your Father knows that you need them.

31 Instead, seek his kingdom, and these things will be added to you.

32 "Fear not, little flock, for it is your Father's good pleasure to give you the kingdom.

33 Sell your possessions, and give to the needy. Provide yourselves with moneybags that do not grow old, with a treasure in the heavens that does not fail, where no thief approaches and no moth destroys.

34 For where your treasure is, there will your heart be also.

1. 물질중심적인 삶은 마침내 불행해지게 됩니다. 왜냐하면 모든 물질이 소용없게 되는 날이 오기 때문입니다. 우리는 지혜로운 자가 되어야 합니다. 오늘 말씀에 근거해 볼 때 진정 지혜로운 자로 살기 위해 나에게 어떤 변화가 필요할까요?

2. 세계 70억 인구가 열심히 살고 있는 것은 대부분 먹고 살기 위해서입니다. 그런데 하나님은 우리에게 오직 하나님의 나라를 구하며 살아야 한다고 말씀하십니다. 우리들이 하나님의 나라를 위해 산다는 것은 구체적으로 무엇을 의미할까요?

함께 기도합시다

● 삶의 자리

제자가 구해야 하는 것

유산에 큰 관심을 가진 부자가 예수님께 도움을 요청했을 때, 예수님은 사람의 생명이 소유의 넉넉함에 있지 않다고 말씀해주십니다. 예나 지금이나 거의 대부분의 사람들은 소유의 확장을 꾀합니다. 예수님의 이야기 속에 나오는 부자 농부는 경제적인 미래를 넉넉히 확보함으로써 자신의 삶의 미래도 확보했다고 생각했습니다. 그러나 얼마나 어리석었는가에 대하여 예수님은 농부 자신의 생살여탈권을 가지고 계신 하나님에 대하여 전혀 고려하지 못하고 있었다는 것을 지적하십니다. 예수님은 우리가 구할 것이 세상 재물이 아니라, 하나님의 나라와 의라고 말씀하십니다. 그것은 하늘에 재물을 쌓는 것인데, 바로 이웃을 사랑하고 구제하는 삶입니다. 물질의 부가 우리 미래를 보장해주지 못하고, 또 염려가 우리에게 전혀 도움이 안 된다는 것을 깨닫고, 하늘로부터 필요를 채움 받는 하나님의 백성들은 그의 나라를 먼저 구하고, 또 물질과 소유를 나눔으로 보물을 하늘에 쌓아야 하는 것입니다.

13과

너희도 만일 회개하지 아니하면

- **누가복음 13:1-9(5)**
  너희에게 이르노니 아니라 너희도 만일 회개하지 아니하면 다 이와 같이 망하리라

예수님은 모든 병과 악한 것을 고쳐주시길 원하시는 분입니다(마 4:23). 예수님의 치유는 단순 그 사람의 아픈 것, 힘든 것만을 없애는 것이 아니고 '회개'의 메시지와 함께 선포되었습니다. 치유는 '회복'으로 이어지며, 회복은 '회개'로부터 옵니다. 이 땅에 복음으로 오신 예수님은 우리를 치유하시기 위해 제일 먼저 '회개'를 선포하셨습니다(마 4:17). 회개는 누가 해야 하는 걸까요? 인과응보 식의 생각에 젖어있는 우리는 어떤 어려움을 겪을 때 회개하려 하고, 일상에서는 자신의 상황과 방향을 점검하려 하지 않습니다. 하지만 예수님은 '회개'는 특정한 잘못과 불행을 겪을 때 하는 것이 아니라, 모든 사람이 다 회개의 대상임을 말씀하고 계십니다. 오늘 공부를 통해 우리는 지금 내가 어떤 상태인지를 점검하고, 나에게 돌이켜야 하는 것은 무엇인지를 생각하는 시간이 되길 바랍니다.

1. 어떤 사람들이 예수님에게 와서 한 말이 무엇입니까(1절)? 그들은 왜 예수님께 성전 제사 중에 빌라도에게 죽임을 당한 갈릴리 사람들의 이야기를 했을까요(2절)? 과연 그들의 생각대로 갈릴리 사람들이 다른 사람들보다 특별히 더 악하고 죄가 많아서 이런 비참한 죽음을 당한 것일까요?

*당시 갈릴리는 무력으로 로마를 전복시키기를 꿈꾸는 이스라엘 열성 민족주의자들의 본거지였고, 이 때문에 빌라도는 제사를 드리는 갈릴리 사람들의 반란을 의심하여 살해했을 가능성이 높다.

2. 이러한 그들의 생각에 대해 예수님께서 경고하시는 말씀이 무엇입니까(2-3절)?

ESV

1 There were some present at that very time who told him about the Galileans whose blood Pilate had mingled with their sacrifices.
2 And he answered them, "Do you think that these Galileans were worse sinners than all the other Galileans, because they suffered in this way?
3 No, I tell you; but unless you repent, you will all likewise perish.

3. 실로암 망대 사건을 통해 예수님이 다시 한 번 경고하시는 바가 무엇인지 말해 보시오(4절). 이 사건을 통해 예수님은 회개의 보편적 필요성과 회개치 않을 시 당하게 될 결과에 대해 어떻게 가르치십니까(3,5절)?

**실로암 망대 사건* : 로마의 수로 공사에 참여해 부역하던 노동자 18명이 실로암 지역에서 망대 붕괴로 숨진 사건이다.

4. 예수님께서는 무화과나무 비유를 들어 회개에 대해 더 자세히 가르치십니다. 포도원 주인이 무화과 열매를 얻기 위해 기다린 기간이 얼마입니까(6절)? 3년을 기다린 결과와 주인의 반응이 무엇입니까(6-7절)?

ESV

4 Or those eighteen on whom the tower in Siloam fell and killed them: do you think that they were worse offenders than all the others who lived in Jerusalem?
5 No, I tell you; but unless you repent, you will all likewise perish."
6 And he told this parable: "A man had a fig tree planted in his vineyard, and he came seeking fruit on it and found none.
7 And he said to the vinedresser, 'Look, for three years now I have come seeking fruit on this fig tree, and I find none. Cut it down. Why should it use up the ground?'

5. 포도원지기가 주인에게 무엇이라고 호소합니까(8-9절)?

1. 갈릴리와 실로암 사람들의 사건을 통해 예수님은 상대적 기준을 가지고 사람을 판단하지 말고, 절대적 기준이 되시는 하나님 앞에서 모든 사람이 회개가 필요한 죄인임을 가르쳐 주십니다. 당신은 자신이 하나님 앞에서 회개가 필요한 죄인이라고 생각하십니까? 죄인이라 생각한다면 어떤 점에서 죄인이라고 생각하십니까?

2. 무화과나무 비유의 핵심은 회개의 긴박성입니다. 즉 회개는 차일피일 무한정 미루어서 될 일이 아니라, 긴박감을 가지고 회개의 기회를 주실 때 그 즉시에 죄를 고백하고 잘못된 것들을 고쳐나가야 한다는 것입니다. 예수님께서 강조하시는 회개의 긴급성을 볼 때 지금 당장 당신에게 있어 돌이키고 회개해야 할 것이 무엇이라고 생각합니까?

함께 기도합시다

회개하라

고대 유대교에서는 어떤 사람에게 나쁜 일이 일어나면 사람들은 그 사람이 도대체 무슨 잘못을 했을까 궁금해했습니다. 하지만 "기록된 바 의인은 없나니 하나도 없으며"(롬 3:10)라는 말씀처럼 첫 사람 아담 이래 모든 사람은 다 죄인입니다. 때문에 회개는 보편적으로 모든 사람들에게 마땅히 요구되는 것입니다. 즉, 사람들 사이의 사소한 상대적 차이를 넘어서 모든 인간에게 예외 없이 절대적으로 요구되는 것이 '회개'입니다. 이 회개의 여부에 따라서 종말에 영생과 영벌이 판가름되게 될 것입니다. 그래서 예수님께서 이 땅에 오셔서 제일 중요하게 생각해서, 가장 먼저 하신 말씀도 회개를 촉구하시는 말씀이었습니다. "때가 찼고 하나님의 나라가 가까이 왔으니 회개하고 복음을 믿으라 하시더라"(막 1:15)

다른 사람이 불행한 일을 당하거나 어려움에 처할 때 그것을 인과응보적으로 해석하며 자기 의에 도취되어 그를 정죄하거나 비난하지 말아야 하겠습니다. 오히려 그것을 타산지석으로 삼아 먼저 자신의 죄를 철저히 돌아보고 회개하며 기도하는 계기로 삼아야 하겠습니다.

14과

예수님의 제자가 되려면

● 누가복음 14:25-35(27)

누구든지 자기 십자가를 지고 나를 따르지 않는 자도 능히 내 제자가 되지 못하리라

예수님을 따르려는 제자의 삶에는 희생과 헌신, 그리고 대가 지급이 필수적입니다. 마치 밭에서 숨겨진 진주를 발견한 농부가 전 재산을 팔아서 그 밭을 산 것처럼, 가장 귀한 보물 되신 예수님을 발견한 사람이라면 예수님을 따르기 위한 대가 지급, 즉 제자로서 헌신의 삶을 살아야 합니다. 그리고 그에 대한 헌신과 희생의 삶이 있을 때 우리는 주님의 제자로 불리게 됩니다. 많은 사람이 자신의 이익을 위해 예수님을 찾는 시대입니다. 그러나 이 시대에 제자로 부름 받은 이들은 이익보다, 따르고자 하는 대가를 먼저 생각하고 그 과정에 대한 각오가 먼저 있어야 할 것입니다. 오늘 말씀을 배우면서 예수님을 따르고자 하는 나에게 먼저 해야 할 결단은 무엇인지 생각해 보시기 바랍니다.

1. 왜 많은 사람들이 예수님을 따르고 있었을까요(25절, 참조 7:14-15; 9:12-17)? 예수님께서는 자기를 따르는 사람들을 향하여 제자로서의 요건과 각오를 어떻게 말씀하고 계십니까(26절)? 이러한 사실을 볼 때, 제자는 예수님을 어떻게 사랑해야 합니까(마 22:37)? 당신의 예수님에 대한 사랑은 어떠합니까?

* 26절에서 "미워하라"는 말씀은 가족이나 자기 목숨에 대한 사랑이 미움에 가까울 정도로 예수님을 전적으로 사랑해야 한다는 말씀이다.

ESV

25 Now great crowds accompanied him, and he turned and said to them,
26 "If anyone comes to me and does not hate his own father and mother and wife and children and brothers and sisters, yes, and even his own life, he cannot be my disciple.
27 Whoever does not bear his own cross and come after me cannot be my disciple.

2. 세상의 그 어떤 대상, 심지어 자기 목숨보다 예수님을 더 사랑하기 위해 예수님의 제자가 감당해야 할 일이 무엇입니까(27절)? '십자가를 진다'는 의미는 무엇입니까?

> * 로마 시대에 처형이 확정된 죄수는 자기가 질 십자가를 형장까지 직접 지고 간다. 이를 통해 죄수와 그를 지켜보는 구경꾼들에게 '복종'의 중요성을 각인시킨다. 따라서 십자가를 진다는 것은 죽음을 각오하고 복종해야 함을 의미하는 것이었다.

3. '망대를 세우는 자'와 '전쟁에 나가는 임금'이 먼저 생각해야 할 것이 무엇이며, 그 이유가 무엇입니까(28-32절)?

ESV

28 For which of you, desiring to build a tower, does not first sit down and count the cost, whether he has enough to complete it?
29 Otherwise, when he has laid a foundation and is not able to finish, all who see it begin to mock him,
30 saying, 'This man began to build and was not able to finish.'
31 Or what king, going out to encounter another king in war, will not sit down first and deliberate whether he is able with ten thousand to meet him who comes against him with twenty thousand?
32 And if not, while the other is yet a great way off, he sends a delegation and asks for terms of peace.

4. 그리스도의 제자가 되고자 한다면 제자가 되는데 따르는 비용을 치러야 합니다. 친구나 가족들의 미움을 받을 수도 있고, 돈이나 시간을 손해 볼 수도 있고, 사회적 지위를 상실하고서 죽음을 당할 수도 있습니다. 당신은 예수님을 따르려는 제자로서 대가를 지불할 각오가 되어 있습니까?

5. 예수님은 우리를 "너희는 세상의 소금이라"고 하셨습니다(마 5:13). '소금'의 비유는 우리가 제자로서 전적으로 헌신하지 못할 때 생기는 결과에 대해 무엇을 말해 줍니까(33-35절)?

1. 예수님 앞에 나오는 자들은 많지만 예수님을 본받고 따르려는 제자는 적습니다. 제자에게 헌신과 희생이 따르기 때문입니다. 당신에게는 주님을 따르는 일이 삶의 최우선적 목적이 되어야 하는 이유가 무엇일까요?

2. 소금은 그 짠 성분 때문에 음식의 맛을 내고 식품을 저장하는 데 사용합니다. 그런데 소금이 이 짠맛을 잃어버린다면 더 이상 음식의 맛을 내지도 못하고 식품의 부패를 막지도 못할 것입니다. 제자로서 우리의 짠맛은 희생과 헌신에서 나옵니다. 지금 내가 예수님을 따르려는 제자로서 희생하고 헌신해야 할 일들은 무엇입니까?

함께 기도합시다

제자

　신약 성경에 그리스도인이란 말은 세 번 밖에 나오지 않습니다(행 11:26; 행 26:28; 벧전 4:16). 하지만 제자라는 말은 무려 230번 정도가 나온다고 합니다. 신약 시대의 성도들은 대부분 '제자'들이었습니다. '제자'라는 말의 뜻은 헬라어로 '마데테스'라는 말로 '따르는 자'라는 뜻입니다. 실제로 예수님께서는 처음부터 '나를 따라오너라'하시면서 무리들을 제자로 부르셨고, 또 마지막에도 '너희는 가서 모든 족속으로 제자를 삼아'라고 하시면서 12사도를 '제자' 삼는 자로 파송하셨습니다. 이를 통해 예수님의 사역의 처음과 끝이 제자를 키우고, 제자를 삼는 삶에 있었음을 볼 수 있습니다. 오늘날 우리도 주님께 부르심 받은 제자로서 예수님을 철저히 따르고, 날마다 예수님을 닮아가는 제자가 되어야 하겠습니다. 그러려면 우리는 주님을 따라가는 제자로서 1) 세상에 순응하지 않음, 2) 주를 닮아감, 3) 단순한 삶, 4) 주님에 대한 신뢰와 의존, 5) 고난과 죽음을 각오함이 있어야 합니다.

둘째 아들을 사랑한 아버지, 우리 하나님

● 누가복음 15:11-24(20)

이에 일어나서 아버지께로 돌아가니라 아직도 거리가 먼데 아버지가 그를 보고 측은히 여겨 달려가 목을 안고 입을 맞추니

● 시작하는 이야기

죄인 한 사람이 돌아올 때, 그 기쁨은 의인 아흔아홉 명이 있는 기쁨보다 크다고 합니다(눅15:7). 그만큼 하나님은 '죄'로 인해 죽을 수밖에 없는 이들이 돌아오길 원하시고, 이들을 살리기 위해서 어떠한 희생도 치르실 수 있으십니다. 죄에 빠져 비참함의 극치를 경험하는 이들을 위해 하나님은 자기를 내어주셨고, 그 사랑으로 죄인 된 우리는 돌이킬 수도 있고 다시 회복하기도 하는 은혜를 누리게 되었습니다. 한없는 아버지의 사랑으로, 오늘 말씀에서 아버지를 떠났던 둘째 아들은 자기 잘못을 깨닫고 돌아올 용기를 갖습니다. 그리고 돌아온 그 아들을 아버지는 다시 아들의 반열로 회복시켜 줍니다. 돌아온 둘째 아들을 보며 마치 그가 죽었다가 살아난 것 같은 기쁨을 누리는 아버지의 모습에서 우리는 하나님의 사랑과 기쁨을 경험할 수 있게 됩니다.

1. 둘째 아들이 아버지에게 요구한 것이 무엇입니까(12절)? 분깃은 일반적으로 아버지의 임종 시에 자식들에게 상속되는 유산입니다. 아들로부터 분깃(유산)을 요구받았을 때 아버지의 기분이 어떠했을까요?

2. 아버지에게 유산을 상속받은 둘째 아들이 며칠이 못되어 한 일이 무엇입니까(13절)? 둘째 아들이 아버지 없는 먼 나라에서 자유롭게 자기 뜻대로 허랑방탕한 삶을 산 결과는 무엇입니까(14절)?

ESV

11 And he said, "There was a man who had two sons.
12 And the younger of them said to his father, 'Father, give me the share of property that is coming to me.' And he divided his property between them.
13 Not many days later, the younger son gathered all he had and took a journey into a far country, and there he squandered his property in reckless living.
14 And when he had spent everything, a severe famine arose in that country, and he began to be in need.

3. 굶주린 둘째 아들이 택한 직업이 무엇입니까(15,16
   절)? 당시 유대인들은 돼지를 어떤 짐승으로 여겼습니
   까(레 11:7-8; 신 14:8)? 만지는 것조차 부정하다고 여
   기던 돼지를 날마다 치고, 돼지가 먹는 쥐엄 열매로 배
   를 채우던 아들이 비로소 깨닫게 된 것이 무엇입니까
   (17절)?

   *쥐엄 열매 : 지중해 동부 연안에서 볼 수 있는 상록수인 구주 콩나
   무의 열매로서 돼지 사료이다.

4. 자신의 비참함을 깨달은 둘째 아들은 어떤 심정으로 아
   버지에게 돌아가게 됩니까(18-19,21절)? 자존심을 버
   리고 자신의 실패와 잘못을 인정하고 아버지께 돌아가
   는 둘째 아들을 통해 회개에 대해 배울 수 있는 것이 무
   엇입니까?

15 So he went and hired himself out to one of the citizens of that country, who sent him into his fields to feed pigs.
16 And he was longing to be fed with the pods that the pigs ate, and no one gave him anything.
17 "But when he came to himself, he said, 'How many of my father's hired servants have more than enough bread, but I perish here with hunger!
18 I will arise and go to my father, and I will say to him, "Father, I have sinned against heaven and before you.
19 I am no longer worthy to be called your son. Treat me as one of your hired servants."'
20 And he arose and came to his father. But while he was still a long way off, his father saw him and felt compassion, and ran and embraced him and kissed him.
21 And the son said to him, 'Father, I have sinned against heaven and before you. I am no longer worthy to be called your son.'

5. 돌아오는 아들이 아버지에게 기대할 수 있었던 최상의
반응은 무엇이었을까요? 하지만 실제 아버지가 아들에
게 보여준 반응은 어떠합니까(20-24절)? 마지못해 아
들을 받아들이는 것이 아니라 단순한 영접을 넘어 극진
한 환대를 베풀며 기뻐하시는 아버지의 모습을 통해 깨
닫게 되는 하나님의 마음은 무엇입니까(시 103:13)?

1. 새로운 삶의 출발점은 아버지를 떠난 자신의 삶의 비참함을 깨닫고, 자신의 잘못을 솔직하게 인정하고 아버지께 돌아간 것입니다. 지금 하나님 앞에서 솔직하게 인정하고 돌이켜 회개해야 할 삶의 잘못이나 죄가 있다면 함께 나누어 봅시다.

2. 하나님은 둘째 아들의 회개와 귀향을 상상 이상으로 너무나 기뻐하시는 분이십니다. 내 주위에서 하나님께로 인도해야 할 잃어버린 자는 없는지, 있다면 어떻게 도와야 할지 함께 나누어 봅시다.

함께 기도합시다

아버지의 사랑

"아직도 거리가 먼데 아버지가 그를 보고 측은히 여겨 달려가 목을 안고 입을 맞추니"(20절)

　체면과 권위를 중요시하던 1세기 근동 문화에서 나이 든 남자가 달려 나가는 것은 남자의 권위와 위엄을 손상시키는 아주 부끄러운 일이었습니다. 하지만 (아마도 지역 유지였을) 아버지는 너무나 기다리던 아들이 돌아오는 것을 보고는 체면과 체통을 다 내려놓고 멀리 있는 아들을 향해 보란 듯이 달려 나갔습니다. 빨리 달리기 위해 긴 옷자락을 양손을 들어 올린 채, 달려가는 늙은 아버지의 모습은 어쩌면 꼴불견이었을지도 모릅니다. 하지만 아버지는 전혀 신경 쓰지 않았습니다. 아들에 대한 사랑이 자신을 보는 사람들의 시선보다 더 중요했기 때문입니다. 이 모습이 바로 죄인 된 우리들을 향한 하나님의 속 마음입니다. "에브라임아, 내가 어찌 너를 버리겠느냐? 이스라엘아, 내가 어찌 너를 원수의 손에 넘기겠느냐? 내가 어찌 너를 아드마처럼 버리며, 내가 어찌 너를 스보임처럼 만들겠느냐? 너를 버리려고 하여도, 나의 마음이 허락하지 않는구나! 너를 불쌍히 여기는 애정이 나의 속에서 불길처럼 강하게 치솟아 오르는구나(호 11:8, 새번역)" 우리를 향해 사랑이 불붙듯하시는, 버리려 해도 도저히 버리실 수 없는, 그래서 체통과 위엄도 내려놓고 대놓고 프로포즈하시는 하나님의 사랑을 오늘 외면하지 말아야 하겠습니다.

부자와 거지 나사로

- **누가복음 16:19-31(25)**

아브라함이 이르되 얘 너는 살았을 때에 좋은 것을 받았고 나사로는 고난을 받았으니 이것을 기억하라 이제 그는 여기서 위로를 받고 너는 괴로움을 받느니라

예수님은 제자들에게 재물에 대해 교훈하시길 "집 하인이 두 주인을 섬길 수 없나니 혹 이를 미워하고 저를 사랑하거나 혹 이를 중히 여기고 저를 경히 여길 것임이니라 너희가 하나님과 재물을 겸하여 섬길 수 없느니라(눅 16:13)"고 말씀하셨습니다. 여기서 예수님은 재물에 대한 아주 중요한 교훈을 가르쳐 주고 계십니다. 그것은 재물이 섬김의 대상, 예배의 대상이 될 수 있다는 것입니다. 우리가 하나님을 믿고 따르듯이 사람들이 재물을 하나님처럼 믿고 따르며 섬길 수 있다는 것입니다. 즉, 재물이 우리가 하나님을 따르는 일에 있어서 강력한 방해물이 될 수 있다는 것입니다. 실제로 오늘날 일어나지 말아야 할 수많은 끔찍한 사건들이 물질(돈) 때문에 비일비재하게 일어나고 있습니다. 돈 때문에 가족이 깨지고, 부부가 헤어지고, 친구가 원수가 되며, 영혼을 잃어버리는 일들이 수없이 일어납니다. 오늘 본문에도 자기가 가진 많은 부로 인해 이웃을 잊어버리고, 영생의 기쁨을 잃어버린 슬픈 사람의 이야기가 나옵니다. 본문을 통해 부에 대해 주님께서 가르쳐 주시는 부와 나눔에 대한 반듯한 생각을 배우는 시간이 되어야 하겠습니다.

1. 부자의 호화로운 삶의 모습이 어떠합니까(19절)? 반면 거지 나사로의 상태는 어떠합니까(20-21절)? 나사로는 어떻게 배고픔을 채우고 있습니까(21절)?

2. 시간이 흘러 부자와 나사로 둘 다 죽었습니다. 부자와 나사로, 각각의 운명이 어떻게 되었습니까(22-23절)? 왜 이런 영원한 운명의 차이가 왔습니까(25절)?

ESV

19 "There was a rich man who was clothed in purple and fine linen and who feasted sumptuously every day.
20 And at his gate was laid a poor man named Lazarus, covered with sores,
21 who desired to be fed with what fell from the rich man's table. Moreover, even the dogs came and licked his sores.
22 The poor man died and was carried by the angels to Abraham's side. The rich man also died and was buried,
23 and in Hades, being in torment, he lifted up his eyes and saw Abraham far off and Lazarus at his side.

3. 너무나 목이 말랐던 부자가 아브라함에게 간청한 것이 무엇입니까(24절)? 이에 대한 아브라함의 대답이 무엇입니까(25-26절)? 구제와 나눔은 이 땅에서만 할 수 있는 것입니다. 삶 속에서 실천하고 있는 나눔이 있다면 함께 얘기해 봅시다.

4. 부자의 두 번째 간청이 무엇입니까(27-28, 30절)? 왜 이런 요청을 한 것일까요? 이에 대한 모세의 대답은 각각 무엇입니까(29,31절)?

ESV

24 And he called out, 'Father Abraham, have mercy on me, and send Lazarus to dip the end of his finger in water and cool my tongue, for I am in anguish in this flame.'
25 But Abraham said, 'Child, remember that you in your lifetime received your good things, and Lazarus in like manner bad things; but now he is comforted here, and you are in anguish.
26 And besides all this, between us and you a great chasm has been fixed, in order that those who would pass from here to you may not be able, and none may cross from there to us.'
27 And he said, 'Then I beg you, father, to send him to my father's house—
28 for I have five brothers—so that he may warn them, lest they also come into this place of torment.'
29 But Abraham said, 'They have Moses and the Prophets; let them hear them.'
30 And he said, 'No, father Abraham, but if someone goes to them from the dead, they will repent.'
31 He said to him, 'If they do not hear Moses and the Prophets, neither will they be convinced if someone should rise from the dead.'"

1. '부'를 하나님이 주신 축복이라고 생각하던 유대인들에게 음부의 고통에 던져진 '부자'의 이야기는 아주 충격적이었을 것입니다. 사실 '부 자체'는 악한 것이 아닙니다. 하지만 '부'에 대한 이기적 집착, 본문의 부자처럼 도무지 다른 사람을 돌아볼 줄 모르는 오직 자신만을 위한 '부'는 그 자체가 재앙이요 심판입니다.
   당신은 돈에 대한 어떤 열망을 가지고 있으며, 그 목적은 무엇입니까? 하나님에 뜻에 맞는 물질관은 무엇입니까?

2. 우리가 일상적 삶 속에서 듣게 되는 하나님의 말씀에 대한 경외심이 없다면 우리 눈앞에서 죽은 사람이 일어나는 것과 같은 기적이 일어나더라도 믿음을 갖지 못할 것입니다. 인생의 영원한 저주와 생명의 복을 결정하는 것은 무엇입니까? 이러한 사실은 우리가 이 땅에서 하나님의 말씀에 대한 어떤 태도를 가져야 함을 알 수 있습니까?

함께 기도합시다

● 삶의 자리

부의 위험

　본문의 부자는 음부의 고통 중에도 아브라함의 품에 있는 나사로를 보고 이렇게 말합니다. "나사로를 보내어 그 손가락 끝에 물을 찍어 내 혀를 서늘하게 하소서 내가 이 불꽃 가운데서 괴로워하나이다"(24절) 나사로를 마치 자신의 아랫사람 대하듯하고 있습니다. 이러한 부자의 태도 속에서 우리는 부가 가진 위험성을 볼 수 있어야 합니다. 부의 위험성은 첫째, 영적 생활의 고갈입니다. 본문의 부자도 손에 쥔 부를 누리는 데 급급하여 날마다 호화롭게 즐기다가 자신의 영생을 준비하지 못 했습니다. 둘째, 자기 혼자 즐기는 일에 빠져 다른 사람의 아픔을 보지 못하게 합니다. 본문의 부자에 대해 주님이 책망하시는 내용의 핵심도 부자가 가진 부가 아니라, 부를 가졌으면서도 돌아보아야 할 형제인 나사로를 돌아보지 않은 것에 대한 것입니다. 마지막으로 부의 위험성은 자신이 하나님이라도 된 것처럼 모든 것을 할 수 있을 것처럼 착각하게 만든다는 것입니다. 그래서 부를 하나님의 자리에 놓게 되는 것입니다. 우리가 이러한 부의 위험에서 벗어나려면 부가 아닌 소명을 따라 사는 삶, 소유가 아니라 나눔을 실천하며 사는 삶을 살 수 있어야 합니다.

17과

하나님 나라가 임하소서!

● 누가복음 17:20-37(21)

또 여기 있다 저기 있다고도 못하리니 하나님의 나라는 너희 안에 있느니라

사람들은 역사를 His(s)tory(그분의 이야기)라고 부릅니다. 세계사에 유수의 제국들은 몇몇 유적만 남기고 역사 속으로 사라졌고, 지금 온 세상을 호령하는 세계열강 역시도 머지않아 역사의 뒤안길로 사라지게 될 것입니다. 오직 영원한 것은 하나님 나라, 그분의 역사뿐입니다. 그래서 예수님께서도 사랑하고 아끼는 제자들에게 "너희는 먼저 그 나라와 의를 구하라"고 말씀하셨었습니다. 한 번뿐인 삶을 헛되이 낭비하지 말고, 영원불멸하는 하나님 나라를 구함으로 가치 있게 살기를 바라셨기 때문입니다. 동일한 당부가 오늘 우리에게 주어집니다. 우리는 어떻게 하나님 나라를 구하는 삶을 살 수 있을까요? 예수님과 함께 이미 임한 하나님 나라를 공부하고 배움으로 우리 가운데 하나님 나라의 기쁨이 충만히 임하게 될 것입니다.

1. 예수님은 "하나님의 나라가 이미 너희에게 임하였느니라"(11:20)라고 선언하신 적이 있습니다. 하지만 지상의 나라로서 메시아 왕국을 기대하고 있는 바리새인들은 "하나님 나라가 예수님과 더불어 이미 시작되었다"라는 이 말씀을 전혀 이해하지 못 했습니다.
하나님 나라를 완전히 잘못 이해하고 있는 바리새인들에 대한 예수님의 가르침이 무엇입니까(20,21절)? 하나님 나라가 우리 가운데 이미 임하였다는 말씀의 뜻은 무엇일까요?

2. 한 번 더 말하지만 하나님의 나라는 예수님의 오심과 더불어 시작되었습니다(11:20). 그리고 하나님 나라는 예수님 재림 때에 완전히 실현됩니다. 지금 우리는 '이미 시작된 그러나 아직 완성되지 않은' 하나님 나라를 경험하고 있습니다(22절).
예수님이 다시 오셔서 그 나라가 완전히 실현되기 전에 일어날 일들이 무엇입니까(23-25; 마 24:23-28 참조)?

ESV

20 Being asked by the Pharisees when the kingdom of God would come, he answered them, "The kingdom of God is not coming in ways that can be observed,
21 nor will they say, 'Look, here it is!' or 'There!' for behold, the kingdom of God is in the midst of you."
22 And he said to the disciples, "The days are coming when you will desire to see one of the days of the Son of Man, and you will not see it.
23 And they will say to you, 'Look, there!' or 'Look, here!' Do not go out or follow them.
24 For as the lightning flashes and lights up the sky from one side to the other, so will the Son of Man be in his day.
25 But first he must suffer many things and be rejected by this generation.

3. 예수님은 재림이 갑작스럽게 일어날 것을 어떤 사건을 예로 들어서 말씀해 주십니까(26-30절)? 노아나 롯의 시대와 우리가 사는 시대의 공통점은 무엇입니까?

4. 창세기 19장에 나오는 롯의 처는 뒤를 돌아보지 말라는 천사의 경고를 무시하고 세상에 대한 미련 때문에 뒤를 돌아보다가 한순간에 소금 기둥이 되고 말았습니다(창 19:17,26).
우리가 급박하게 이루어질 예수님의 재림의 때에 롯의 아내처럼 되지 않고, 목숨을 보존하기 위해서는 어떤 단호한 태도를 가져야 할까요(31-33절)?

5. 예수님이 재림하실 때 사람들은 한 가지 – 예수님에 대한 믿음의 유무 – 차이 때문에 갑작스럽게 이별하게 됩니다(34-36절). 우리가 우리의 가족 친지들과 이러한 갑작스럽고 충격적인 이별을 경험하지 않으려면 어떻게 해야 되겠습니까?

1. 예수님께서는 21절에서 현세의 하나님의 나라는 눈으로 볼 수 있는 것이 아니라 너희 안에 있다고 말씀하셨습니다. 즉 말씀이신 예수님이 있고, 말씀을 통한 예수님의 통치가 있는 제자들 가운데에는 이미 하나님 나라가 임했습니다. 오늘날도 내 삶 속에서 말씀을 통한 예수님의 통치(다스림)가 있을 때 내 속에 하나님 나라가 임하게 됩니다. 내 삶을 예수님 말씀이 다스리시게 하기 위해 지금 내가 해야 할 일이 무엇입니까?

2. 이 시대의 흐름은 극단주의입니다. 먹고사는 것, 쾌락을 추구하는 것 그리고 범죄도 점점 극단화되고 있습니다. 이런 시대 상황 속에서 사람들은 마음의 평화와 여유를 잃어버렸습니다. 그리스도인은 이러한 시대 문제를 어떤 일의 징조이며, 또한 어떤 기대를 가지게 합니까(30절)? 그렇다면 그리스도인은 이런 시대에 어떻게 살아야 하겠습니까(롬 12:2)?

함께 기도합시다

이미 그러나 아직

유대인들은 하나님이 현재 다스리고 계신다는 사실을 인식하고 있었지만, 장차 올 하나님의 도전받지 않은 통치 즉, 미래적이고 지상적인 하나님 나라를 각별히 고대했습니다. 그래서 사도행전 1장에서 제자들이 승천 직전 주님께 '이스라엘 나라를 회복하심이 이때니이까?'하고 물었던 것입니다. 하지만 예수님은 하나님이 통치하시는 하나님 나라는 미래적인 동시에 지극히 현재적임을 강조하여 가르치십니다. 그래서 21절에서 '하나님 나라는 이미 너희 안에 있다'고 확실히 말씀하셨습니다. 그러므로 우리는 장차 임하게 될 온전히 실현된 하나님 나라를 기대하고 기다려야 합니다. 동시에 예수님 말씀을 통해 이미 우리 가운데 임한 하나님 나라의 백성답게 이 땅에서도 힘차게 하나님 나라를 이루어 가는 삶을 살아가야 합니다. 지금 내가 있는 삶의 현장에서 하나님의 말씀에 순종하는 삶을 살 때, 그곳이 하나님의 주권과 통치가 임하는 현장이 되고 바로 하나님 나라가 되는 것입니다.

응답받는 기도의 비밀

- **누가복음 18:1-17(1)**
  예수께서 그들에게 항상 기도하고 낙심하지 말아야 할 것을 비유로 말씀하며

"인생은 짧고 예술은 길다."라는 말이 있습니다. 사람의 짧은 인생에 비해 예술 작품은 오랫동안 후세에 전해진다는 말입니다. 하지만 예술에 비해서만 인생이 짧은 것은 아닙니다. 기도하기에도 인생은 짧습니다. 기도는 믿는 우리가 이 땅에서만 누릴 수 있는 가장 큰 특권인 동시에 우리가 가장 누리지 못하고 있는 특권입니다. 하나님은 우리의 신음과도 같은 기도를 들으시고 응답하시는 살아계신 하나님이십니다. 그래서 이렇게 말씀드리고 싶습니다. "인생은 짧다. 그러니 열심히 기도하라!" 어떻게 이 짧은 인생 속에서 좌절하거나 낙심하지 않으면서 지속적으로 기도의 기쁨을 맛보며 살 수 있을까요?

1. 주님의 재림으로 완전히 실현될 하나님 나라를 기다리며 "이미 그러나 아직"의 종말의 시대를 살고 있는 우리에게는 신앙적으로 낙심, 좌절케 하는 일이 참 많습니다. 낙심이 되는 시간에 우리는 어떻게 해야 합니까(1절)?

2. 재판장은 어떤 사람입니까(2절)? 그가 왜 힘없는 약자인 과부의 원한을 풀어주게 됩니까(3-5절)? 재판관을 움직이게 한 과부의 힘은 무엇입니까?

ESV

1 And he told them a parable to the effect that they ought always to pray and not lose heart.
2 He said, "In a certain city there was a judge who neither feared God nor respected man.
3 And there was a widow in that city who kept coming to him and saying, 'Give me justice against my adversary.'
4 For a while he refused, but afterward he said to himself, 'Though I neither fear God nor respect man,
5 yet because this widow keeps bothering me, I will give her justice, so that she will not beat me down by her continual coming.'"

3. 예수님께서 이러한 비유를 하시는 이유가 무엇입니까
(6-8절)? 하나님이 우리의 기도를 들으시고, 그 기도에
응답하신다는 사실을 안다면 우리의 기도가 어떻게 달
라져야 할까요? 우리가 이런 끈질김을 가지려면 어떻게
해야 할까요?

4. 성전에 기도하러 올라온 바리새인의 기도 자세와 내용
이 각각 어떠합니까(11-12절)? 세리의 기도 태도와 기
도 제목은 무엇입니까(13절)? 예수님은 누구를, 왜 더
의롭다고 여기십니까(15절)? 기도는 하나님 앞에 서는
거룩한 행위입니다. 우리가 하나님 앞에서 가져야 할 가
장 기본적인 자세가 무엇입니까(사 6:5)?

6 And the Lord said, "Hear what the unrighteous judge says.
7 And will not God give justice to his elect, who cry to him day and night? Will he delay long over them?
8 I tell you, he will give justice to them speedily. Nevertheless, when the Son of Man comes, will he find faith on earth?"
9 He also told this parable to some who trusted in themselves that they were righteous, and treated others with contempt:
10 "Two men went up into the temple to pray, one a Pharisee and the other a tax collector.
11 The Pharisee, standing by himself, prayed thus: 'God, I thank you that I am not like other men, extortioners, unjust, adulterers, or even like this tax collector.
12 I fast twice a week; I give tithes of all that I get.'
13 But the tax collector, standing far off, would not even lift up his eyes to heaven, but beat his breast, saying, 'God, be merciful to me, a sinner!'
14 I tell you, this man went down to his house justified, rather than the other. For everyone who exalts himself will be humbled, but the one who humbles himself will be exalted."

5. 사람들이 무슨 목적으로 어린아이를 예수님께 데리고 왔으며 제자들의 반응은 어떠했습니까(15절)? 예수님께서는 어린아이를 어떻게 용납하시며 이를 통해 어떤 하나님 나라의 비밀을 말씀하십니까(16-17절)?

ESV

15 Now they were bringing even infants to him that he might touch them. And when the disciples saw it, they rebuked them.
16 But Jesus called them to him, saying, "Let the children come to me, and do not hinder them, for to such belongs the kingdom of God.
17 Truly, I say to you, whoever does not receive the kingdom of God like a child shall not enter it."

1. 우리의 신앙생활에 있어서 꾸준히 기도하지 못하고 응답 없이 중도에 중단되는 경우가 많습니다. 그 이유가 어디에 있다고 생각합니까? 본문의 과부처럼 끈질기게 구하고 응답을 받는 자가 되기 위해 가져야 할 믿음과 확신이 무엇입니까? 나의 절실한 기도제목은 무엇입니까?

2. 주님이 기뻐하시는 기도는 겸손함에 우러나오는 간절한 기도입니다. 세리의 기도를 칭찬하시고, 어린아이를 축복하시는 이유가 바로 이 때문입니다. 기도함에 있어서 겸손함과 간절함을 갖기 위해 내가 고쳐야 할 기도의 자세가 있다면 어떤 것입니까?

함께 기도합시다

어린 아이들을 환영하시는 예수님

1세기 유대인 가정은 가부장적이었습니다. 남성들이 가정에서 가장 중요한 존재였고 여성들과 어린이들이 그 뒤를 이었습니다. 특히 어린이들은 거의 존재하지 않는 것처럼 무시를 당했습니다. 본문에서 제자들 역시 예수님의 만져주심을 바라고 부모들이 데리고 나온 아이들을 귀찮게 여겼습니다. 그들이 예수님의 귀한 시간과 에너지를 낭비하게 한다고 생각했기 때문입니다. 그래서 그들은 아이를 데리고 나오는 부모를 꾸짖기까지 했습니다. 하지만 예수님은 달랐습니다. 어린아이들을 가까이 불러 '하나님 나라가 이런 자의 것이니라' 하시며 축복하시기까지 하셨습니다. 예수님은 어린아이들이 갖고 있는 단순한 믿음과 신뢰를 아주 귀하게 보셨습니다. 주님은 우리에게 주님을 향한 어린아이와 같은 순수한 믿음과 신뢰를 기대합니다. 힘들고 불가능한 것처럼 보인다 할지라도 상황에 상관없이 그 부모를 절대적으로 신뢰하는 그런 지고지순한 믿음 말입니다. 힘들기 때문에 더 기도하고, 부족하고 약하기 때문에 더 간절히 어린아이처럼 부르짖어야 하겠습니다. 그런 기도가 어린아이를 환대하시는 주님의 마음을 기쁘시게 하는 기도요, 주님께서 기쁘게 응답하시는 기도이기 때문입니다.

예루살렘에 입성하시는 예수님

- 누가복음 19:28-40(38)

이르되 찬송하리로다 주의 이름으로 오시는 왕이여 하늘에는 평화요 가장 높은 곳에는 영광이로다 하니

예수님께서 드디어 예루살렘에 입성하십니다. 단순히 정치적으로 억압받는 이스라엘 백성을 구원하기 위함이 아니라, 온 인류의 죄와 사망의 행렬을 끝내고 영원한 해방의 복음을 세상에 풀어놓기 위함이었습니다. 이 은혜로운 입성은 이미 오래전부터 예언되었던 것이 때가 되어 성취된 사건입니다(슥 9:9-10). 이러한 하나님의 예정과 섭리가 있었기에 비록 바리새인들이 훼방을 놓았으나 온전히 성취될 수밖에 없었습니다. 우리도 하나님의 때를 기다릴 줄 아는 인내의 믿음이 필요합니다. 우리가 소원하는 일들이 보이지 않고, 들리지 않음으로 우리 신앙이 흔들리기 쉽습니다. 하지만 하나님의 때에 하나님의 선하신 계획이 반드시 이루어질 것을 믿음으로 우리는 오늘도 주님과 함께 '소명'을 따라 걸어가야 합니다.(히 11:1). 예수님의 예루살렘 입성은 우연히 이루어진 것이 아니라, 선지자의 예언과 하나님의 때를 따라 믿음으로 순종하는 예수님의 결단 속에서 일어난 일입니다.

1. 예수님께서 어디를 향해 가시는 중이며, 제자 중 둘에게
   주신 명령이 무엇입니까(28-30절)? 어떤 점에서 예수님
   의 명령이 순종하기 어려웠겠습니까? 여기에서 우리는
   예수님의 어떤 모습을 볼 수 있습니까?

2. 제자들이 어떻게 순종했습니까(31-34절)? 예수님은 어
   떤 모습으로 입성하시며, 그것이 무슨 의미가 있다고 생
   각합니까(35-36절; 슥 9:9-10)?

ESV

28 And when he had said these things, he went on ahead, going up to Jerusalem.
29 When he drew near to Bethphage and Bethany, at the mount that is called Olivet, he sent two of the disciples,
30 saying, "Go into the village in front of you, where on entering you will find a colt tied, on which no one has ever yet sat. Untie it and bring it here.
31 If anyone asks you, 'Why are you untying it?' you shall say this: 'The Lord has need of it.'"
32 So those who were sent went away and found it just as he had told them.
33 And as they were untying the colt, its owners said to them, "Why are you untying the colt?"
34 And they said, "The Lord has need of it."

3. 예수님께서 입성하실 때, 온 무리가 어떻게 예수님을
환영합니까(37-38절)?

4. 무리들의 환영을 목격한 바리새인들이 예수님께 무슨
요구를 했으며, 왜 그랬을까요(39절)?
이에 대한 예수님의 대답은 무엇입니까(40절)?

ESV

35 And they brought it to Jesus, and throwing their cloaks on the colt, they set Jesus on it.
36 And as he rode along, they spread their cloaks on the road.
37 As he was drawing near—already on the way down the Mount of Olives—the whole multitude of his disciples began to rejoice and praise God with a loud voice for all the mighty works that they had seen,
38 saying, "Blessed is the King who comes in the name of the Lord! Peace in heaven and glory in the highest!"
39 And some of the Pharisees in the crowd said to him, "Teacher, rebuke your disciples."
40 He answered, "I tell you, if these were silent, the very stones would cry out."

1. 하나님의 아들 예수님께서 십자가의 사명을 감당하시기 위해 드디어 선지자의 예언을 좇아 나귀 새끼를 타시고 예루살렘에 입성하셨습니다. 힘과 권력과 무력이 지배하는 세상에서 평화의 왕, 섬기는 종으로 입성하신 것입니다.
너도 나도 힘과 권력을 추구하는 세상에서 우리가 어떻게 하면 겸손하신 주님처럼 살 수 있을까요?

2. 하나님의 때에 하나님의 계획은 반드시 이루어지게 되어 있습니다. 예수님의 예루살렘 입성을 바리새인들이 훼방하였을 때, 예수님은 "만일 이 사람들이 침묵하면 돌들이 소리 지르리라"라고 하시며, 반드시 이루어질 일임을 증거하셨습니다.
고난이 예상되는 일이지만, 반드시 이루어질 하나님의 일이라 확신하고 지금 감당하고 있는 일이 있다면 무엇입니까?

함께 기도합시다

● 삶의 자리

평화의 왕

당시 많은 유대인들은 종려나무 가지를 흔들고, 옷을 벗어 깔며 예수님을 열렬히 환영하였습니다. 바리새인들이 훼방할 정도로 큰 함성이었습니다. 그러나 열렬했던 그들의 환영은 순전히 자기중심적 환영에 지나지 않았습니다. 예수님은 평화의 왕으로, 온 세상과 온 우주를 죄와 사망의 속박에서 영원히 해방함으로, 영원한 하나님 나라를 이 땅에 이루기 위하여 결정적으로 십자가에 죽으시기 위해 입성하였습니다. 하지만 유대 백성들은 로마의 압제와 대를 이어온 가난과 온 세상을 유랑하며 떠도는 나그네 생활을 종식시킬 위대하고 강한 왕으로서, 마치 다윗과 같은 막강한 세속적 군주를 기대하며 목소리 높여 환영했던 것입니다. 결국 유대 백성들은 무기력하게 로마 군병들에게 붙잡히고, 한없이 약한 모습으로 심문당하는 모습을 보면서, 더 없는 실망으로 예수님을 십자가에 못 박아 죽이라고 예수님이 입성했을 때와는 다른 함성으로 예수님을 죽게 하였습니다. 예수님에 대한 잘못된 소망과 기대가 결국 예수님을 죽인 것입니다.

예수님은 이 땅의 현실적인 문제를 해결하기 위해서 오신 것이 아니라 하나님을 거부함으로, 또 하나님을 알지 못함으로 하나님과 관계가 깨어지고 원수가 되어 죽을 수밖에 없는 인간을 구원하기 위해서 오셨습니다(엡 2:3). 이 일을 위해서 자신이 대속제물이 되어 십자가에 죽으셨습니다. 예수님이 우리 죄를 위해 죽으심으로 우리는 하나님과 화평을 누리게 되었습니다. 주님은 하나님과 우리 사이에 화평의 다리가 되었고, 하나님의 사랑과 평화가 예수님을 통해 우리에게 흘러 들어옴으로 세상의 고통 속에서도 하나님이 주시는 평화의 은혜를 누리는 것입니다.

모퉁이의 머릿돌

● 누가복음 20:9-18(17)

그들을 보시며 이르시되 그러면 기록된 바 건축자들의 버린 돌이 모퉁이의 머릿돌이 되었느니라 함이 어찜이냐

예수님은 하나님 아버지께서 이 땅에 보내신 독생자 하나님이십니다. 죄와 사망의 노예가 되어 마침내 멸망할 수밖에 없는 온 인류를 구원하시고자 보내신 위대한 선물입니다(요 3:16). 그러나 예수님은 환영받지 못하였습니다. 마침내 온갖 핍박과 조롱을 받으시고 십자가에 죽으셨습니다. 놀라운 것은 선민 이스라엘의 선생이라고 하는 바리새인들과 서기관들이 그 일에 앞장 섰다는 점입니다. 하나님을 사랑하는 자들이 이런 일을 행하였다는 것은 참으로 이해할 수 없고 당황스러운 일입니다. 유대 지도자들이 그렇게 악행을 저지른 것은 다름 아닌 탐욕 때문이었습니다. 자기 재산을 만들기 위해 상속자를 죽였던 농부들처럼, 이 세상에서 자신들의 기득권과 욕망을 지키기 위해 예수님을 죽이고 만 것입니다. 하지만 그런 물욕적 악행은 스스로를 모퉁이의 머릿돌에 부딪히는 결과를 가져왔고, 마침내 하나님의 구원에서 떨어지고 말았습니다. 구원은 겸손한 자에게 임합니다. 예수님 앞에서 교만한 자는 멸망할 뿐입니다.

1. 예수님의 비유 속에서 한 사람이 무슨 일을 행했으며, 한 사람, 포도원, 농부가 각각 의미하는 바가 무엇입니까 (9절)?

2. 타국에 있던 포도원 주인이 왜 한 종을 농부들에게 보냈으며, 농부들은 어떻게 대우했습니까(10절)? 포도원 주인이 세 번 종을 보냈는데, 그때마다 농부들은 또 어떤 식으로 대우했습니까(11–12절)? 왜 농부들의 행위가 악한 것입니까?

ESV

9 And he began to tell the people this parable: "A man planted a vineyard and let it out to tenants and went into another country for a long while.

10 When the time came, he sent a servant to the tenants, so that they would give him some of the fruit of the vineyard. But the tenants beat him and sent him away empty-handed.

11 And he sent another servant. But they also beat and treated him shamefully, and sent him away empty-handed.

12 And he sent yet a third. This one also they wounded and cast out.

3. 마침내 포도원 주인이 선택한 최후의 방안은 무엇이었으며, 도리어 농부들은 어떤 식으로 행동했습니까(13-15절)?

4. 포도원 주인이 농부들을 결국 어떻게 하기로 하며, 포도원을 어떻게 처분하기로 합니까(16절)? 이에 대해 비유를 듣던 사람들이 어떻게 반응합니까(16절)?

ESV

13 Then the owner of the vineyard said, 'What shall I do? I will send my beloved son; perhaps they will respect him.'
14 But when the tenants saw him, they said to themselves, 'This is the heir. Let us kill him, so that the inheritance may be ours.'
15 And they threw him out of the vineyard and killed him. What then will the owner of the vineyard do to them?
16 He will come and destroy those tenants and give the vineyard to others." When they heard this, they said, "Surely not!"

5. 비유에 충격을 받고, 부정적으로 반응하는 그들에게 예
수님이 무엇을 말씀하십니까(17-18절)? 말씀의 뜻이
무엇입니까?

*모퉁이의 머릿돌 : 건축시 주축이 되는 중요한 돌이다.

ESV

17 But he looked directly at them and said, "What then is this that is written: "'The stone that the builders rejected has become the cornerstone'?
18 Everyone who falls on that stone will be broken to pieces, and when it falls on anyone, it will crush him."

1. 하나님께서 특권을 준 이스라엘에게 책임 있는 행동과 열매를 요구하셨는데, 그것은 말씀과 영생을 선물로 받은 우리 믿는 자들에게도 마찬가지입니다. 우리가 가진 모든 것이 하나님이 주신 은혜임을 생각할 때, 은혜받은 자로서 책임과 의무는 무엇입니까? 주께서 우리에게 삶의 소출을 받으시고자 할 때, 당신은 무엇을 드릴 수 있겠습니까?

2. 모퉁이 돌이 되신 예수님을 우리가 거부하고 불순종하게 되면, 우리는 깨어질 것입니다. 예수님을 거부하던 유대인들은 마침내 예수님을 십자가에 못 박음으로 하나님과 원수가 되고 말았습니다. 비유의 농부들처럼 내 삶(사실은 하나님이 주인)에 상관하시려는 예수님을 반복하여 거부해왔던 나의 삶의 모습들에는 어떤 것들이 있습니까?

함께 기도합시다

함께 지어져 가는 하나님 나라

"건축자들의 버린 돌이 모퉁이의 머릿돌이 되었느니라."(시 118:22) 예수님은 시편 기자 말씀을 인용하여 자신의 머릿돌 되심을 증거하였습니다. 건축자들이 건축하는 과정에서 쓸모없다고 생각하여 버린 돌이지만, 그 돌은 하나님의 계획이었습니다. 아무리 유대인들이 예수님을 거부한다 해도 예수님은 하나님의 아들이요, 세상을 구원할 독생자요, 이 땅에 하나님 나라의 집을 건축할 때 모퉁이의 머릿돌이 되시는 분입니다. '모퉁이의 머릿돌'은 건물의 가장 중요한 두 기둥을 연결하는 돌로서 집을 건축할 때의 주춧돌을 의미합니다. 그러므로 우리 그리스도인들은 예수 그리스도 안에서 하나님 나라를 건축하는 재료들입니다. 그래서 사도바울은 에베소 교회 성도들에게 이렇게 말했습니다. "너희는 사도들과 선지자들의 터 위에 세우심을 입은 자라 그리스도 예수께서 친히 모퉁잇돌이 되셨느니라 그의 안에서 건물마다 서로 연결하여 주 안에서 성전이 되어 가고 너희도 성령 안에서 하나님이 거하실 처소가 되기 위하여 그리스도 예수 안에서 함께 지어져 가느니라."(엡 2:20-22) 진실로 우리들은 그리스도를 의지함이 없이는 결코 존재할 수 없는 자들입니다.

종말을 사는 그리스도인

- 누가복음 21:20-36(36)

  이러므로 너희는 장차 올 이 모든 일을 능히 피하고 인자 앞에 서도록 항상 기도하며 깨어 있으라 하시니라

하루가 멀다 하고 지구촌의 우울한 소식들이 신문 지면과 인터넷 뉴스를 도배하다시피 합니다. 세계경제의 위기, 여러 나라들의 내전소식들, 폭우와 폭염, 지진해일 등 무서운 자연재해들, 기아와 질병으로 죽어가는 가난한 나라들의 아픈 소식들이 매일 끊이지 않습니다. 성경에 예언된 종말의 징조들이 나타나기 시작한 지 벌써 오래되었습니다. 복음 전파 측면에서도 미전도 종족이 많이 줄면서 만민에게 복음 증거 될 날이 멀지 않아 보입니다. 총체적으로 우리 주님의 다시 오실 날이 가까워지고 있는 것이 틀림없습니다. 이러한 때에 오늘 말씀 공부는 우리의 둔해지고, 무뎌진 영성을 각성시키는 데 참으로 귀한 본문입니다. "너희는 스스로 조심하라 그렇지 않으면 방탕함과 술 취함과 생활의 염려로 마음이 둔하여지고 뜻밖에 그 날이 덫과 같이 너희에게 임하리라."(눅21:34)

1. 언제 멸망이 가까운 줄 알 수 있으며, 그때에는 어떻게 행동해야 하며, 그날에 임할 화가 무엇입니까(20-24절)?

2. 마지막 날에는 어떤 징조가 있으며, 그때에 우리가 볼 것이 무엇이며, 어떤 소망을 가질 수 있습니까(25-28절)?

ESV

20 "But when you see Jerusalem surrounded by armies, then know that its desolation has come near.
21 Then let those who are in Judea flee to the mountains, and let those who are inside the city depart, and let not those who are out in the country enter it,
22 for these are days of vengeance, to fulfill all that is written.
23 Alas for women who are pregnant and for those who are nursing infants in those days! For there will be great distress upon the earth and wrath against this people.
24 They will fall by the edge of the sword and be led captive among all nations, and Jerusalem will be trampled underfoot by the Gentiles, until the times of the Gentiles are fulfilled.
25 "And there will be signs in sun and moon and stars, and on the earth distress of nations in perplexity because of the roaring of the sea and the waves,
26 people fainting with fear and with foreboding of what is coming on the world. For the powers of the heavens will be shaken.
27 And then they will see the Son of Man coming in a cloud with power and great glory.

3. 무화과나무 비유에서 어떤 교훈을 받아야 하며, 예수님 말씀은 얼마나 참됩니까(29-33절)?

4. 종말의 시대에 사는 우리들입니다. 무엇이 우리 마음을 둔하게 하며, 무서운 진노를 피하기 위해 우리는 항상 어떻게 살아야합니까(34-36절)?

1. 우리는 예수님의 재림을 기다리는 마지막 시대를 살고 있습니다. 지구촌에는 자연재해와 전쟁 소식이 끊이지 않으며, 복음은 점차적으로 땅 끝까지 전파되고 있습니다. 당신은 예수님이 다시 오실 것을 얼마나 믿으며, 그 믿는 바를 어떤 식으로 행동(삶)에 옮기고 있습니까?

2. 무한 경쟁을 강조하는 세상은 정신 못 차리도록 우리를 몰아세우고 있습니다. 무엇이 나를 정신 못 차리게 하며, 세속에 물들게 합니까? 특별히 깨어있기 위한 나의 노력을 돌아볼 때, 어떤 점에서 더욱 분투해야 하겠습니까?

함께 기도합시다

예수님의 재림

예수님은 예루살렘에 입성하실 때, 성을 보시고 눈물을 흘리시면서 이렇게 말씀하셨습니다. "너도 오늘 평화에 관한 일을 알았더라면 좋을 뻔하였거니와 지금 눈에 숨겨졌도다 날이 이를지라 네 원수들이 토둔을 쌓고 너를 둘러 사면으로 가두고... 네 자식들을 땅에 메어치며... 네가 보살핌 받는 날을 알지 못함을 인함이니라."(눅 19:42-44) 그리고 주님은 오늘 본문에서 "너희가 예루살렘이 군대들에게 에워싸이는 것을 보거든 그 멸망이 가까운 줄을 알라"(20절)고 경고하셨습니다. 실제로 약 40년 후, A.D. 70년 티투스의 로마군대가 예루살렘을 완전히 멸망시켰고, 수많은 이스라엘 백성들이 잔학하게 학살당하고 포로로 잡혀갔습니다. 회개하지 않은 이스라엘 백성들은 예수님의 예언대로 심판을 받은 것입니다. 그런데 예수님의 예언은 거기서 끝나지 않고, 인류 종말에까지 이어집니다. 그날은 하늘의 권능들이 흔들릴 것이고, 세상은 두려움으로 기절하게 될 것입니다. 그날에 예수님께서 다시 오실 것(재림)이고, 회개하지 않은 죄인들은 진노를 피할 수 없을 것이며, 참된 모든 성도들은 드디어 완전한 구원의 성취를 보게 될 것입니다. 진실로 주의 재림을 기다리며, 종말을 살아가는, 깨어있는 성도들에게는 가장 놀랍고 가장 은혜로운 날이 될 것입니다. 마라나타!(아멘, 주 예수여 오시옵소서!).

성만찬

- **누가복음 22:14-23(19)**

또 떡을 가져 감사 기도 하시고 떼어 그들에게 주시며 이르시되 이것은 너희를 위하여 주는 내 몸이라 너희가 이를 행하여 나를 기념하라 하시고

그동안 여러 차례 자신의 죽음을 예언하셨던 예수님께서 이제 때가 되어 그 죽음을 실제적으로 준비하고 계십니다. 그때는 이스라엘 출애굽을 기념하는 유월절 밤이었고, 예수님은 제자들과 함께 떡과 잔을 나누셨습니다. 그리고 떡은 내 몸이며, 잔의 포도주는 내 피라고 말씀하시면서 '새 언약'을 위한 것이라고 말씀하셨습니다. 그리고 제자들도 이를 행하여 예수님 자신을 기념하라고 하셨습니다. 성만찬은 이렇게 예수님께서 십자가에 죽으시기 전 마지막 날 밤에 예수님에 의해 제정되었습니다. 그러므로 성만찬은 우리의 영원한 속죄를 위하여 살을 찢으시고, 피를 흘리신 예수님의 구속의 한없는 은혜와 사랑을 감사하며, 영원히 주님의 백성으로서 감사하며 살겠다는 신앙고백의 기회입니다. 성만찬을 잘 공부하고, 성만찬의 기쁨과 감사를 회복하는 시간이 되어야 하겠습니다.

1. 어떤 때가 이른 것입니까(14절)? 예수님이 원하고 원하였던 간절한 소원이 무엇이며, 왜 다시 먹지 않는다고 하셨습니까(15-16절)?

2. 잔을 받으시고 감사 기도를 하신 후 무엇을 하셨습니까(17-18절)? 예수님께서 얼마나 하나님 나라의 완성을 사모합니까?

ESV

14 And when the hour came, he reclined at table, and the apostles with him.
15 And he said to them, "I have earnestly desired to eat this Passover with you before I suffer.
16 For I tell you I will not eat it until it is fulfilled in the kingdom of God."
17 And he took a cup, and when he had given thanks he said, "Take this, and divide it among yourselves.
18 For I tell you that from now on I will not drink of the fruit of the vine until the kingdom of God comes."

3. 떡과 잔을 나누면서 무엇이라고 말씀하셨습니까(19-
　 20절)? 오늘날 우리가 왜 성만찬을 해야 합니까?

4. 예수님은 자신이 팔릴 것을 어떻게 예언하셨으며, 예수
　 님을 파는 그의 미래는 어떻게 경고되었습니까(21-22
　 절)? 제자들은 서로 무엇을 물었습니까(23절)?

19 And he took bread, and when he had given thanks, he broke it and gave it to them, saying, "This is my body, which is given for you. Do this in remembrance of me."
20 And likewise the cup after they had eaten, saying, "This cup that is poured out for you is the new covenant in my blood.
21 But behold, the hand of him who betrays me is with me on the table.
22 For the Son of Man goes as it has been determined, but woe to that man by whom he is betrayed!"
23 And they began to question one another, which of them it could be who was going to do this.

1. 십자가에 죽으시기 전 마지막 날 밤에 예수님은 제자들과 떡과 잔을 나누면서 자신의 죽음을 준비하셨으며, 특히 이를 행하여 기념하라고 하셨습니다. 이는 우리를 구원하신 예수님의 살과 피의 희생을 영원히 기억하라는 말씀입니다.
   당신은 예수님의 살과 피를 얼마나 기억하고, 또 실제적으로 얼마나 체감하며 신앙생활하십니까?

2. 성만찬은 제자 공동체에서 행한 일입니다. 예수님은 제자 공동체, 신앙 공동체가 예수님의 살과 피로 하나가 되길 원하셨습니다. 오늘날 예수님의 구속의 은혜 안에서 예수님의 뜻과 사명으로 아름다운 공동체를 이루는 것이 너무나 귀합니다. 당신의 공동체는 서로 살과 피를 나눌 정도로 섬기며 하나 되어 가고 있습니까?

함께 기도합시다

새 언약의 유월절

예수님께서 간절히 원하신 것은 "이 유월절"이었습니다. 원래 유월절 (Passover)은 이스라엘 백성이 출애굽 할 때 하나님께서 이스라엘 백성을 애굽에 대하여 마지막 심판이었던 장자 재앙에서 보호하시기 위해 집 문설주에 양의 피를 바르라고 하셨고, 양의 피를 바른 집은 장자 재앙이 비켜 지나간(pass over) 것을 기념하는 명절입니다. 그래서 출애굽 이후 이스라엘 백성이 매년 유월절을 지키는 것은 하나의 율법이 되었습니다. 하지만 예수님께서 그렇게 원하시고 원하셨던 유월절은 단순히 출애굽 구원 사건을 의미하는 유월절이 아니라, 이제 온 인류를 구원할 어린 양으로서 죽으실 메시아의 죽음을 의미하는 '새 언약'적인 유월절이었습니다. 그래서 "이 유월절"(15절)이라고 말씀하신 것입니다. 새 언약의 유월절 어린 양으로서 예수님께서 십자가에 피 흘려 죽으셨습니다. 그리고 사흘 만에 부활하심으로서 누구든지 어린 양 되신 이 예수를 믿고 영접하는 자마다, 이스라엘 백성이 문설주에 어린 양의 피를 바르고 구원받은 것처럼 구원받게 되는 것입니다. 이미 이루어졌고, 장차 완성될 하나님 나라의 핵심이 바로 예수님의 피와 살에 있는 이유입니다.

십자가에 못 박히신 예수님

● 누가복음 23:32-49(46)

예수께서 큰 소리로 불러 이르시되 아버지 내 영혼을 아버지 손에 부탁 하나이다 하고 이 말씀을 하신 후 숨 지시니라

마침내 해골(골고다)이라 하는 곳에서 예수님은 나무 십자가에 달려 죽으셨습니다. 백성은 서서 구경하였고, 관원들과 군인들은 예수님을 희롱하고 조롱하였습니다. 한 강도조차 예수님을 비방하였습니다. 참으로 예수님의 죽음은 외로웠고, 예수님의 죽음은 비참했습니다. 무기력하게, 중죄인처럼 절망스럽게 죽어가는 예수님을 그 누구도 이해하지 못 했습니다. 그런 절대적 소외 속에서 예수님은 온 인류를 사랑하심으로 속죄 제물이 되셔서 제단에 피를 뿌리셨습니다. 이러한 예수님의 고난에 대해 이사야 선지자는 "그가 찔림은 우리의 허물 때문이요 그가 상함은 우리의 죄악 때문이라 그가 징계를 받으므로 우리는 평화를 누리고 그가 채찍에 맞음으로 우리는 나음을 받았도다."(사 53:5)라고 증거하였습니다. 예수님의 십자가 죽음은 역사적 사건들뿐만 아니라 바로 하나님을 알지 못하고 또 거부하는 죄로 말미암아 죽을 수밖에 없는 나의 영혼 문제의 해결인 것입니다. 예수님의 죽음 속에서 우리 죄로 죽어가는 예수님의 고통과 고독을 발견하며 동시에 온 인류를 구원하기 위해서 자신의 목숨을 기꺼이 바치는 목숨을 초월하는 예수님의 사랑을 발견합니다.

● 말씀의 자리

1. 예수님께서 누구와 함께 십자가에 못 박혔으며, 십자가에 못 박은 자들을 위해 주님은 무슨 기도를 하셨습니까(32-34절)? 이러한 상황이 예수님이 어떤 신분으로 죽었음을 말하고 있습니까?

2. 관리와 군인들이 어떻게 예수님을 희롱했으며, 백성들은 무엇을 하고 있었습니까(34-38절)?

ESV

32 Two others, who were criminals, were led away to be put to death with him.
33 And when they came to the place that is called The Skull, there they crucified him, and the criminals, one on his right and one on his left.
34 And Jesus said, "Father, forgive them, for they know not what they do." And they cast lots to divide his garments.
35 And the people stood by, watching, but the rulers scoffed at him, saying, "He saved others; let him save himself, if he is the Christ of God, his Chosen One!"
36 The soldiers also mocked him, coming up and offering him sour wine
37 and saying, "If you are the King of the Jews, save yourself!"
38 There was also an inscription over him, "This is the King of the Jews."
39 One of the criminals who were hanged railed at him, saying, "Are you not the Christ? Save yourself and us!"

3. 십자가에 못 박힌 다른 행악자들의 반응이 무엇이며, 그에 대한 예수님의 말씀은 무엇입니까(39-43절)?

____

____

____

____

____

____

____

4. 예수님이 숨지실 때 어떤 현상이 일어났으며, 예수님의 최후 말씀은 무엇입니까(44-46절)? 백부장의 고백과 사람들의 반응이 어떠합니까(47-49절)?

____

____

____

____

____

____

____

ESV

40 But the other rebuked him, saying, "Do you not fear God, since you are under the same sentence of condemnation?
41 And we indeed justly, for we are receiving the due reward of our deeds; but this man has done nothing wrong."
42 And he said, "Jesus, remember me when you come into your kingdom."
43 And he said to him, "Truly, I say to you, today you will be with me in Paradise."
44 It was now about the sixth hour, and there was darkness over the whole land until the ninth hour,
45 while the sun's light failed. And the curtain of the temple was torn in two.
46 Then Jesus, calling out with a loud voice, said, "Father, into your hands I commit my spirit!" And having said this he breathed his last.
47 Now when the centurion saw what had taken place, he praised God, saying, "Certainly this man was innocent!"
48 And all the crowds that had assembled for this spectacle, when they saw what had taken place, returned home beating their breasts.
49 And all his acquaintances and the women who had followed him from Galilee stood at a distance watching these things.

1. 예수님은 온갖 모욕과 조롱 속에서, 심지어 강도의 비방까지 받아 가면서 십자가에 서 죽으셨습니다. 하나님의 아들이 받으신 이러한 멸시와 죽음은 바로 우리의 죄 때문입니다. 이러한 예수님을 보면서 우리는 나를 즐겁게 하고 또 욕망을 채우는 죄에 대해 어떻게 반응해야 하겠습니까?

2. 예수님은 십자가에 죽으심으로 하나님의 사명을 완수했습니다. 주의 제자들에게는 사명을 위한 십자가가 있습니다. 요즘 당신이 감수해야만 하는 십자가의 길, 제자의 길이 있다면 무엇입니까?

3. 예수님 주변에 악한 자들만 있었던 것은 아닙니다. 한 강도는 마지막 순간에 예수님을 신뢰하였고, 로마 백부장은 전향적 신앙고백을 하기도 했습니다. 모두가 마땅하다고 생각한 예수님의 죽음 앞에서 깊은 깨달음을 얻고 믿음을 갖게 된 것입니다. 이 시간, 십자가에 죽으신 예수님 앞에서 당신의 신앙고백은 무엇입니까?

함께 기도합시다

찢어진 성소휘장

　예수님께서 십자가에서 죽으실 때, 성소 휘장이 찢어졌습니다. 이것은 참으로 놀랍고 역사적인 사건으로서 예수님의 십자가 죽으심의 진정한 의미를 깨닫게 해 주는 사건입니다. 예루살렘 성전은 성소와 지성소로 나누어져 있었고, 휘장으로 가려진 지성소는 거룩한 하나님의 임재 장소로서 대제사장 외에는 감히 누구도 들어갈 수 없는 지극히 거룩한 곳이었습니다. 그런데 그 휘장이 위에서부터 아래로 찢어진 것입니다. 찢어진 휘장은 주님의 찢어진 몸을 의미하며, 예수님께서 죽으심으로 누구나 하나님께 나아갈 수 있는 새로운 살길이 열린 것을 뜻합니다.(히 10:19-20) 이전까지는 오직 대제사장만이 일 년에 한 번 들어가 뵈올 수 있는 하나님이셨지만, 이제는 휘장이 찢어짐으로 인해 예수님의 피 공로를 힘입어 누구나, 어디서나, 어느 때든지 거룩하신 하나님을 두려움 없이 만날 수 있게 된 것입니다. 그래서 지금은 예수님 안에서 은혜의 시대라고 하는 것입니다. 은혜의 문이 예수님의 죽으심 안에서 활짝 열렸다는 것은 참으로 놀랍고도 놀라운 은총입니다. 이 은혜를 날마다 누리지 못하고 산다면, 그것은 마치 여전히 구약 안에서 살고 있는 유대인처럼 안타까운 일입니다. 그러므로 우리는 날마다 예수 그리스도 안에서 살아계신 하나님을 만나야 합니다.

부활의 증인

- 누가복음 24:36-49(48)
  너희는 이 모든 일의 증인이라

예수님의 부활은 여러 번 예언되었음에도 불구하고 믿기 어려운 일이었습니다. 그러기에 제자들은 예수님의 목소리를 듣고 보았음에도 영으로 생각하고 무서워했습니다. 하지만 예수님은 부활하셨습니다. 그의 생전에 예언하신 대로 고난 받고 죽으신 후 사흘 만에 부활하셨습니다. 죄와 사망의 권세를 이기시고 다시 사셨습니다. 이런 사실이야말로 우리 신앙생활의 놀라운 동기가 됩니다. 우리는 죽음도 두려워하지 않을 역사적 사건 안에서 신앙생활을 하고 있기 때문입니다. 바울은 "그리스도께서 다시 살아나신 일이 없으면 너희의 믿음도 헛되고 너희가 여전히 죄 가운데 있을 것"(고전 15:17)이라고 했습니다. 부활 없는 십자가 죽음은 어떤 의미도 없는 것입니다. 이것이 우리가 부활신앙으로 견고히 서서 세상을 이기며, 땅끝까지 복음의 증인으로 살아야 하는 이유입니다.

1. 모여 있던 제자들(눅 24:33)이 왜 놀라고 무서워했으며, 예수님의 말씀은 무엇입니까(36-37절)?

2. 예수님의 말씀을 통해서 볼 때, 부활하신 예수님을 바라보는 제자들의 마음이 어떠한 것 같습니까(38-39절)? 무서워하며 의심하는 제자들에게 예수님은 무슨 제안을 하십니까?

ESV

36 As they were talking about these things, Jesus himself stood among them, and said to them, "Peace to you!"
37 But they were startled and frightened and thought they saw a spirit.
38 And he said to them, "Why are you troubled, and why do doubts arise in your hearts?
39 See my hands and my feet, that it is I myself. Touch me, and see. For a spirit does not have flesh and bones as you see that I have."

3. 예수님의 못 박혔던 손과 발을 보고 만진 제자들의 반응은 무엇이며, 불신하는 제자들을 위해 주님께서 보여주신 바가 무엇입니까(40–43절)?

4. 예수님께서 어떻게 제자들의 마음을 열어 성경을 깨닫게 하셨습니까(44–45절)? 제자들은 무엇의 증인이 되어야 하며, 언제까지 이 성(예루살렘)에 머물러야 합니까(46–49절; 행 1:4–5)?

40 And when he had said this, he showed them his hands and his feet.
41 And while they still disbelieved for joy and were marveling, he said to them, "Have you anything here to eat?"
42 They gave him a piece of broiled fish,
43 and he took it and ate before them.
44 Then he said to them, "These are my words that I spoke to you while I was still with you, that everything written about me in the Law of Moses and the Prophets and the Psalms must be fulfilled."
45 Then he opened their minds to understand the Scriptures,
46 and said to them, "Thus it is written, that the Christ should suffer and on the third day rise from the dead,
47 and that repentance and forgiveness of sins should be proclaimed in his name to all nations, beginning from Jerusalem.
48 You are witnesses of these things.
49 And behold, I am sending the promise of my Father upon you. But stay in the city until you are clothed with power from on high."

1. 예수님의 부활을 믿을 수 없었던 제자들은 예수님의 친절하신 설득과 도우심으로 확신을 가질 수 있었습니다. 당신은 예수님께서 부활하셔서 지금 우리와 성령으로 동행하시는 것을 어떻게 믿게 되었습니까? 우리가 부활에 대한 참된 확신을 가지려면 어떻게 해야 할까요?

2. 예수님께서 십자가에서 죽으시고 부활하셨다는 사실을 믿는 그리스도인들은 누구나 증인의 삶을 살아야합니다. 왜냐하면 부활하신 주님의 명령이요, 죄와 사망의 노예를 살다가 멸망 받을 사람들에게 영생을 주는 기쁜 소식이기 때문입니다.

예수님의 부활이 당신의 신앙과 삶에 어떤 영향을 주고 있습니까? 또한 당신의 삶 속에서 예수님의 부활이 어떻게 증거되고 있습니까? 만일 부족하다면 어떤 부분이 새로워져야 하겠습니까?

함께 기도합시다

보지 않고 믿는 믿음

예수님께서 죽었다가 다시 살아나셨다는 사실은 참으로 믿기 힘든 일입니다. 왜냐하면 죽은 사람은 결코 살아날 수 없기 때문입니다. 그러나 예수님은 공개적으로 세 번에 걸쳐서 자신이 죽겠지만 다시 살아날 것이라고 예언을 했습니다. 하지만 막상 죽었던 예수님이, 무덤에 묻히신 예수님이 다시 자신들 앞에 나타나니 마치 유령을 보는 듯했습니다. 이에 예수님은 성경을 깨닫게 하시고, 손과 발의 상처를 보여주시며, 또 식사를 하시면서 결코 유령이 아니며, 몸을 가진 부활체라는 사실을 명확하게 보여주셨습니다. 결국 제자들은 믿음을 갖게 되었고, 기뻐하였으며, 아버지의 약속하신 성령을 사모하게 되었습니다.

오늘날 우리들은 예수님을 보고, 만져서 믿을 수는 없습니다. 왜냐하면 예수님께서는 승천 하사 하나님의 보좌 우편에 앉아계시기 때문입니다. 그러나 예수님은 성령을 보내주셔서 만지지 않고도, 보지 않고도 믿을 수 있는 축복을 주셨습니다. 그래서 보지 않고 믿는 자가 더욱 복된 것입니다(요 20:29). 우리가 보지 않고도 믿는 것은 참으로 놀라운 하나님의 선물입니다(엡 2:8,9). 다시 만나게 될 주님을 사모하며 믿음의 길을 끝까지 완주하는 주의 제자가 되시기 바랍니다.

MEMO

MEMO